메타-내러티브로 읽는 성경
: 하나님 나라 이야기

워크북
WORKBOOK

메타-내러티브로 읽는 성경 : 하나님 나라 이야기 워크북

2023년 3월 30일 초판 1쇄

지은이   문지환
펴낸이   김명일
디자인   정보람

펴낸곳   깃드는 숲
주　소   부산시 북구 낙동대로 1762번길 60 1204호
이메일   hoop1225@gmail.com

ISBN   979-11-970918-5-8

The Drama of Scripture

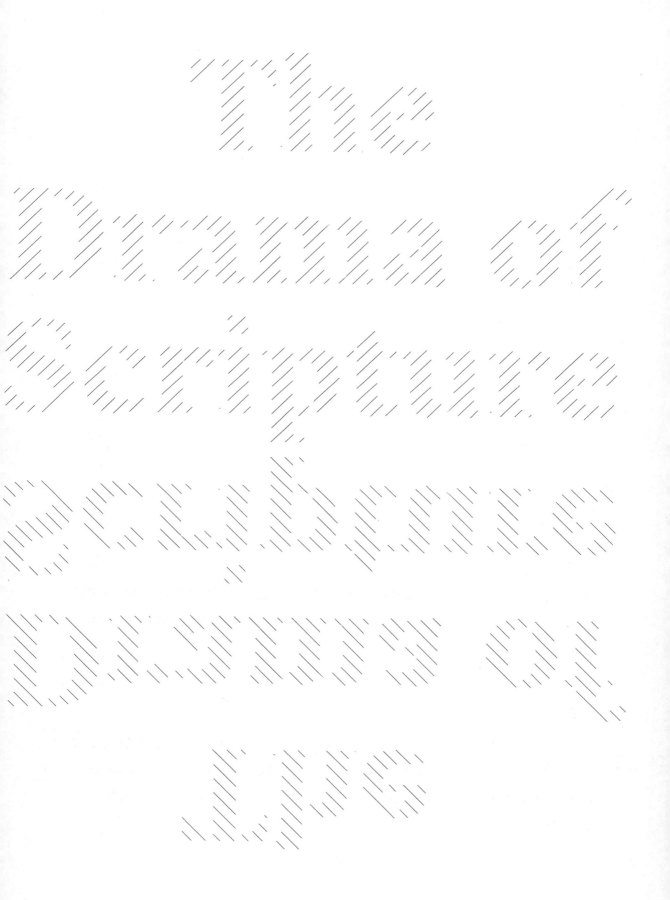

목표

성경은 세상을 구원하시려는 하나님의 구속 이야기를 담고 있습니다. 태초에 창조하셨으나 훼손된 하나님의 나라가 어떻게 회복되고 완성되는지에 대한 일련의 이야기를 잘 아는 것이 이 책의 목표입니다.

개요

하나님의 구원 역사는 하나님의 나라가 회복되는 역사입니다. 그것은 예수 그리스도를 통해 완성되는 과정입니다. 이러한 구속사를 중심으로 성경을 이해하면 역사를 주관해 오신 하나님의 섭리를 이해할 뿐만 아니라 예수 그리스도 중심으로 성경의 맥을 잡을 수 있습니다. 이 책과 함께 창조-타락-구속-완성(새창조)에 이르는 구원 역사를 전체적으로 살펴봅시다.

목차

추천의 글

설교 때마다 나와 우리의 이야기를 다듬어 새롭게 만드는 하나님 나라 이야기를 듣고 싶습니다. 그 이야기가 생명과 소망의 메시지인 것은 예수님께서 교회와 세상을 놀랍도록 새롭게 만드시는 하나님 나라의 복음이기 때문입니다. 문지환 목사님은 이 내용을 성경 내러티브의 플롯을 따라 쉽게 담아낸 후에 독자가 생각하며 복습하는 교육 효과를 냅니다. 하나님 나라 이야기의 맛과 깊이를 맛보기 원하는 분, 특히 크리스천 청소년에게 일독하도록 적극 추천합니다.

송영목 교수(고신대학교 신약학)

성경을 관통하는 하나의 일관된 주제가 있지요. 어떤 이는 언약을 말하고 어떤 이는 하나님 나라를, 어떤 이는 예수 그리스도나 구속사를 제시합니다. 지금까지 많은 책들은 선택한 하나의 주제에 천착한 나머지 다른 주제를 의도치 않게 간과하거나 주제간 상관 관계를 설명하는데 있어 미흡한 부분이 있었습니다. 이번에 출간한 문지환 목사의 신간은 이런 부분에서 강점이 있습니다. 구약과 신약의 통일성과 연속성을 전제하면서 언약과 그리스도, 구속사 같은 주제를 '하나님 나라 이야기' 안에서 수려하게 풀어냅니다. 성경의 자연스러운 내러티브를 따라 각각의 주제들이 어떠한 상관관계에 있는지, 성경 속 제 위치에 가져다 놓는 모습은 가히 압권입니다. 목적에 있어 목회적이며 내용에 있어 신학적이고 구성에 있어 교육적인 이 책은 성도들에게 최적의 성경 개관 교재로, 신학생과 목회자에게는 가장 먼저 읽어야 할 기본적인 성경 신학 도서로 자리매김하리라 감히 장담합니다.

김관성 목사(낮은담교회)

성경은 이 세상과 교회와 우리의 존재를 있게 한 이야기, 즉 거대서사를 담고 있다. 우리는 이 이야기 속에서 우리 존재의 근원과 의미, 그 목적과 운명뿐 아니라 이 세상과 역사를 보는 관점과 우리 삶을 주관하는 가치관을 발견한다. 이 이야기의 내용을 바로 이해하지 못하면 구원이 무엇이며 그리스도인으로 산다는 것이 무엇이고, 교회는 어떤 공동체인지를 도무지 알 수 없다. 그러나 이 이야기는 장구한 세월 하나님의 구원 역사가 펼쳐지는 광대한 내러티브이기에 그 복잡하고 포괄적인 내용을 바르게 이해하기란 여간 어려운 일이 아니다. 그런데 본서는 적은 분량으로 그 방대한 이야기의 맥을 잘 잡아준다. 성경의 전체 내용을 하나님의 나라와 언약의 맥락을 따라 아주 쉽고 명료하게 파악할 수 있게 한다. 교인들은 어떤 관점에서 성경을 읽어야 하는지를 터득하게 되며 그로 인해 바른 신앙과 세계관을 정립하게 될 것이다. 목회자와 신학생은 성경에 전개되는 하나님 나라 이야기를 평신도의 눈높이에 맞추어 푸는 비법을 발견할 것이다.

박영돈 교수(작은목자들교회, 고려신학대학원 교의학 명예교수)

머리말

　교회는 하나님 말씀의 공동체입니다. 교회의 머리이신 그리스도는 말씀이 육신이 되어 우리 가운데 오신 분입니다(요 1:14). 교회의 양식은 하나님의 말씀이며(신 8:3, 벧전 2:2), 말씀은 등불이 되어 교회의 길을 비춥니다(시 109:105). 교회는 진리의 말씀을 떠받치고 수호하는 기둥과 터일 뿐만 아니라(딤전 3:15) 말씀을 가르쳐 지키게 할 사명을 받은 공동체입니다(마 28:20). 아무리 생각해도 하나님의 말씀 없이 교회는 설명할 수 없습니다.

　이런 교회의 목사가 되기 위해 훈련받으면서 무엇보다 좋은 말씀의 교사(딤후 1:11)가 되고 싶었습니다. 성경을 공부할 때 하나님을 알아가는 즐거움이 가득했고, 하나님께서 자기 나라를 창조하고 회복하며 완성해 가시는 일련의 과정이 흥미진진했습니다. 그 과정에 지독하리만치 실패하는 자기 백성을 포기하지 않는, 기어코 다시 불러 사명을 주시는 하나님의 인자하심과 성실하심에 감격했습니다. 이 감격을 교회와 나누고 싶었습니다. 성경의 원대한 이야기(the Grand Story)를 교우들과 함께 살피며 하나님을 즐거워하고 싶었습니다. 이제 그 작은 기대의 씨앗이 이 책으로 열매 맺게 되었습니다.

이미 하나님의 나라, 구속 역사를 중심으로 성경 이해를 돕는 책들은 시중에 많습니다. 그럼에도 불구하고 이 책이 지닌 의미가 하나 있다면 현장성입니다. 교회의 성도와 함께 읽고 공부했습니다. 공부한 후에는 고난과 실패로 점철 된 삶을 나누었고, 하나님의 나라를 소망하며 기도했습니다. 영혼의 사귐이 이 책으로 공부하며 일어났던 것이죠.

이 책을 이제 한국교회 성도들과 나눌 수 있어 감사합니다. 중학생 이상의 독자라면 누구나 혼자서 읽을 수 있도록 쉬운 내용과 시장의 언어를 사용했습니다. 읽고 개인적으로 적용 혹은 공동체 안에서 서로 나눌 수 있도록 질문을 던졌습니다. 내용 복습과 확인을 위한 빈 칸 채우기도 있습니다. 앞장을 넘기며 정답을 써넣는 즐거움이 적지 않을 것입니다. 이 책을 위해 수고를 아끼지 않은 깃드는 숲 출판사 대표 김명일 목사님께 감사합니다. 제게 성경 먹는 즐거움을 선물해 주신 고신대학교와 고려신학대학원 선생님들의 은혜가 큽니다. 강의안이 나올 수 있도록 기대하고 참여하셨던 지나온 모든 교회의 성도들께도 고마움을 전하고 싶습니다. 무엇보다 부족한 담임을 신뢰하고 지지해주시는 제8영도교회 가족들에게 감사하고 또 감사합니다.

부산 영도에서 문지환

8

서문

세계관, 성경, 그리고 구속사

1. 세계관과 성경

여러분, '세계관'(worldview)이라는 말을 들어 본 적 있습니까? 생소할 수도 있지만 누구나 세계관이 있습니다. 세계관은 우리 생각과 말과 행동의 원천입니다. 내가 이렇게 말하고 저렇게 행동하는 뿌리가 바로 세계관입니다. 예를 들어봅시다. 두 음식점이 있습니다. 한 곳은 이윤을 많이 내려고 저렴하고 간편한 화학조미료를 사용합니다. 또 다른 곳은 손님의 건강을 염려해 철저히 유기농 재료를 사용합니다. 첫번째 가게 주인은 '장사는 뭐니뭐니해도 이윤을 많이 남겨야지'라고 생각합니다. 두번째 주인은 '정직하고 바른 먹거리를 제공하는 게 식당의 사명이지'이라고 생각합니다. 두 주인의 이런 생각이 바로 세계관입니다. 한 사람은 이윤을, 다른 한 사람은 손님의 건강을 중요시하는 서로 다른 세계관이 화학조미료 사용과 유기농 재료 사용이라는 결과로 나타났습니다. 이처럼 세계관은 우리가 생각하고 겉으로 표현하는 모든 것들의 원인이 됩니다. 어떤 세계관을 갖느냐에 따라 사람들의 삶은 천차만별입니다.

또한 세계관은 말 그대로 세상을 보는 안경과도 같습니다. 어릴 때 방학 숙제로 셀로판지 안경을 만들었습니다. 파란 렌즈로 보는 세상은 온통 푸른 색깔이지만, 붉은 렌즈는 세상을 온통 붉게 만들었습니다. 마찬가지로 사람들은 자기가 쓰고 있는 세계관에 따라 일어나는 사건들을 다르게 받아들입니다. 경제를 중요하게 생각하는 세계관을 가지면 모든 것을 경제 논리로 이해하고, 환경을 중요하게 여기는 세계관을 가졌다면 환경을 중요하게 생각하는 관점으로 사건을 이해할 것입니다.

세계관은 어떻게 형성될까요? 재미있게도 말과 행동의 원천인 세계관은 자신이 경험한 말과 행동을 통해 형성됩니다. 보고 듣고 읽고 경험했던 모든 것들이 세계관을 형성하는 재료입니다. 경험은 한 사람의 '이야기'가 되고 그 사람의 세계관을 형성합니다. 만약 돈이 주는 편리함과 달콤함을 어릴 때부터 듣고 경험한다면 아이는 당연히 '뭐니뭐니해도 돈이 최고구나'하는 세계관을 가질 수밖에 없습니다. 수단, 방법 안가리고 돈만 벌면 된다는 자세로 살아갈 가능성이 큽니다. 반면 하나님이 얼마나 좋은 분인가 하는 이야기를 듣고 자란다면 어떨까요? 아이의 마음 속에는 자연스럽게 '하나님은 좋은 분이며 위대하시다'라는 생각을 하게 될 것입니다. 그런 아이는 좋으신 하나님의 뜻에 순종하려는 세계관으로 말하고 행동할 가능성이 큽니다.

바로 이것입니다. 우리가 성경을 읽고 그 이야기를 들어야 하는 이유는 단순히 지식 때문이 아닙니다. 성경에 기록된 하나님의 이야기, 즉 구원과 심판의 이야기를 들으며 마음에 새기기 위해서입니다. 성경 이야기가 내 마음에 새겨지고 그것이 내 삶에 실재가 되어 성경적 세계관을 형성하면, 하나님이 기뻐하시는 삶을 살 수 있기 때문입니다. 또한 삶을 살아가며 만나는 수많은 일을 성경적인 세계관으로 해석하고 판단하기 위해서입니다. 그리스도인도 무엇이 성경적인지 분별하지 못한 채 세상의 목소리를 그대로 흉내 내는 경우가 많습니다. 성경적인 세계관, 성경을 통해 형성된 세계관을 가진다면 우리는 일상에서 일어나는 많은 일을 하나님의 관점으로 판단할 수 있을 것입니다. 그러므로 우리는 하나님이 기뻐하시는 그리스도인의 삶을 살고 세상을 성경적으로 해석하는 세계관을 갖기 위해 우리는 성경을 읽고 배워야 합니다.

2. 하나의 큰 이야기

이제 우리가 성경을 읽고 배워야 하는 이유는 분명해졌습니다. 하지만 문제는 그리 간단하지 않습니다. 왜냐하면 많은 사람이 성경을 읽지만 성경 저자, 곧 하나님의 의도와 다르게 읽기 때문입니다. 우리는 하나님께서 성경을 통해 들려주시는 내용보다는 마음 가는 대로 읽습니다. 우리는 생각보다 상상력이 풍부한 사람들입니다. "배"라고 말하면 어떻습니까? 우리는 적어도 세 가지를 상상할 수 있습니다. 먹는 "배", 타는 "배", 우리 몸의 일부인 "배"입니다.

문제는 이런 상상력이 성경을 읽을 때 너무 많이 발휘된다는 점입니다. 성경의 문장, 단어를 내 생각과 경험으로 상상력을 동원해 읽다 보면 하나님의 의도를 간과하기 쉽습니다. 성경을 읽을 때 상상력은 유용한 도구가 될 때도 있지만, 하나님의 의도대로 읽는 것이 훨씬 중요합니다.

그렇다면 어떻게 성경을 읽어야 할까요? 성경 '전체 이야기'를 이해하고 읽어야만 합니다. 중요한 줄거리, 혹은 주제를 먼저 알면 성경을 읽을 때 곁길로 빠지는 일을 방지할 수 있습니다. 1000피쓰짜리 퍼즐을 맞춘다고 가정해 봅시다. 무턱대고 도전한다고 맞출 수 있을까요? 아닙니다. 먼저 전체 그림을 잘 안다면 조각을 제자리에 놓기 더 쉽습니다. '배'라는 단어만 있을 때는 그것이 정확히 무엇을 말하는지 알 수 없지만 '나는 배가 먹고 싶어요'라는 문장을 안다면 여러분은 말하는 사람이 의미한 '배'가 바로 과일을 가리키는 것을 확실히 알 수 있습니다.

성경도 마찬가지입니다. 전체 하나님의 말씀이 그리는 내용을 알면 성경에 있는 여러가지 이야기 퍼즐의 의미를 더 정확하게 찾을 수 있습니다. 태초에 하나님이 천지를 창조하신 일, 아담이 불순종하고 인류가 타락한 사건, 하나님께서 아브라함을 부르시고 이스라엘 민족을 형성하신 역사, 다윗이 임금이 되고 오랜 세월이 지나 그 후손으로 예수님이 오신 이야기의 의미를 큰 그림을 바탕으로 바라본다면 더욱 선명하게 이해할 수 있을 것입니다. 따라서 우리는 먼저 성경에 담긴 하나의 큰 이야기(One Meta Narrative)를 이해하는 데 관심을 쏟아야 합니다.

3. 구속 이야기

성경, 하나님의 큰 이야기가 담고 있는 핵심 주제는 무엇일까요? '구속 이야기' 혹은 '구속사'입니다. 성경의 큰 이야기는 하나님께서 세상을 이처럼 사랑하사 독생자를 보내어 구원하시려는 구속 이야기입니다. 어떤 이들은 성경에서 탁월한 윤리 강령을 발견합니다. 또 어떤 사람은 위대한 신앙 인물을 보면서 동경하기도 합니다. 이런 이야기들이 성경에 분명히 있습니다. 그러나 성경이 들려주는 본질적인 이야기는 하나님께서 어떻게 인간을 죄에서 구원하시는가 하는 구속 이야기입니다. 태초에 하나님께서 천지를 만드시고 인간을 에덴에 두셨습니다(창조). 그러나 인간은 곧 불순종의 죄를 저지르며 죽음이라는 비참한 상태에 이릅니다(타락). 이런 인간을 사탄의 손아귀에 내버려 두시지 않고 하나님께서 건지십니다(구속). 하나님께서 구속하신 인간들과 함께 영원히 왕 노릇할 것(완성)을 약속하십니다. 일련의 이야기들, 곧 창조 - 타락 - 구속 - 완성(새 창조)에 이르는 역사야말로 성경이 우리에게 들려주는 중심적인 이야기입니다.

4. 구속사의 특징

하나님께서 성경을 통해 우리에게 들려주는 큰 이야기, 구속(redemption)은 다음과 같은 몇 가지 특징이 있습니다.

첫째, 구속사는 점점 발전합니다(점진적, progressive).

성경에서 하나님은 시대마다 구원의 역사를 행하십니다. 노아와 가족을 물에서 구원하십니다. 아브라함을 하란에서 불러내셨고 이스라엘을 애굽에서 구원하십니다. 나아가 바벨론에서, 마지막에는 죄와 사망에서 자기 백성을 구원하십니다. 이런 일련의 이야기들은 서로 상관없는 이야기가 아닙니다. 점점 더 완전한 구원을 향해 발전해 가는 과정입니다. 이야기가 진행될수록 우리는 하나님의 구속 계획을 더 선명하게 발전적으로 이해할 수 있습니다. 여자의 후손을 약속하실 때(창 3:15) 우리는 과연 그가 누구일지 감을 잡기가 힘듭니다. 아브라함을 부르시는 장면에서는 그 약속의 후손이 아브라함의 후손, 곧 이스라엘 민족 가운데서 나겠구나 기대할 수 있습니다. 다윗에게 주신 약속을 읽을 때는 영원한 왕이 다윗의 혈통으로 오신다는 사실을 알 수 있습니다. 신약에서는 아브라함과 다윗의 후손으로 오신 예수 그리스도가 바로 약속의 후손이며, 우리의 왕이심을 선명하게 볼 수 있습니다(마 1:1). 이처럼 구속 역사는 서로 연결되어 점차 발전하며 선명해집니다. 이것이 구속사 이야기의 점진적(progressive) 성격입니다.

둘째, 점진적인 구속의 정점은 예수 그리스도입니다.

구속 이야기는 점점 발전해 갑니다. 마치 소설에 기승전결이 있고, 발단-전개-위기-절정-결말이 있듯이 구속 이야기도 마찬가지 입니다. 구속 역사의 시작이 창조이며 위기가 타락이라면, 절정은 무엇일까요? 바로 예수 그리스도께서 이 땅에 오셔서 죽으시고 부활하시는 장면입니다. 이 장면에서 사탄은 창세기 3장 15절의 복선대로 패배하고, 예수님과 그의 백성들은 승리를 쟁취합니다. 구속 이야기의 정점과 핵심은 예수 그리스도를 통한 구원입니다. 구약의 이야기들은 예수님을 향하고 있고(눅 24:44; 요 5:39) 예수님으로부터 신약의 이야기가 태동합니다(마1:1). 예수님은 구속 역사의 중심입니다. 이 사실을 아는 우리는 성경을 그리스도 중심적(Christcentric)으로 읽어야 합니다.

셋째, 구속사는 하나님 나라의 큰 이야기입니다.

구원이라는 성경의 큰 이야기는 단순히 우리 개인의 행복에 머무르지 않습니다. 하나님께서는 세상을 구속해 하나님 나라(the Kingdom of God)를 세우기 원하십니다. 하나님이 왕이 되시고 교회가 그 백성이 되어 왕의 덕과 아름다움을 널리 선포하는 그런 나라말입니다. 구속 역사는 궁극적으로 하나님의 나라를 지향하고 있습니다. 따라서 우리는 '하나님 나라'를 중심으로 구속사를 살필 것입니다. 그러고 나면 우리는 하나님께서 자기 나라를 어떻게 세워 가시는지, 또 하나님의 다스림은 어떤 것이며 그 통치를 받는 백성의 삶이 무엇인지를 배울 수 있을 것입니다.

나오면서

하나님의 말씀은 우리 삶을 비추는 등불입니다(시편 119:105). 말씀을 통해 성경적 세계관을 형성하고 하나님의 나라와 영광을 위해 살아갈 준비를 해야 합니다. 이제 성경에 기록된 큰 이야기, 하나님 나라 이야기 속으로 떠나봅시다.

생각해 볼 문제

1. 세계관 형성이 중요하다는 이야기를 나누었습니다. 우리에게는 성경이 세계관을 형성한 경험

   이 있을까요? 세계관 형성을 위한 자녀들의 성경 읽기를 위해 어떤 노력을 기울이고 있나요?

   성경이 우리의 세계관을 형성한 경험이 있습니까?

2. 성경의 큰 이야기(One Meta-Narrative)를 잘 알지 못하고 오해하며 성경을 읽었던 경험이 있

   다면 나누어 보세요.

서문 세계관, 성경, 그리고 구속사

1. 세계관과 성경

1) 세계관이란?

a.

b.

2) 성경을 배우는 목적

· 성경에 기록된 _____ 이야기, _____ 이야기, _____ 이야기를 듣고 배워서 마음에 새기기 위해서이다.

· 마음에 새겨진 성경 _____가 나의 _____가 되어 나의 _____ 을 형성하면 하나님이 기뻐하시는 거룩한 삶의 열매를 맺을 수 있다.

2. 하나의 큰 이야기

· 성경은 _____으로 읽는 것이 아니라 하나님의 _____대로 읽어야 한다.

· 성경을 바르게 이해하기 위해 _____를 알고 읽어야 한다.

· 성경은 하나의 주제를 가진 _____이다.

3. 구속 이야기

· 성경의 전체적인 이야기는 _____ 혹은 _____ 이다.

· 이 이야기는 일련의 "창조 – _____ – _____ – 완성(새 창조)"으로 이루어진다.

4. 구속사의 특징

a. (   )

b. (   )

c. (   )

창조 - 하나님 나라 건설과 문화 명령 창 1장

앞서 우리는 구속사의 특징들을 살폈습니다. 구속사는 창조-타락-구속-완성으로 이어지는 일련의 역사입니다. 첫째는 점진적이고, 둘째는 예수 그리스도 중심적이며, 셋째는 하나님 나라 이야기라는 특징입니다. 하나님은 구속 역사를 진행하면서 자신의 나라를 만들고자 하셨습니다. 알다시피 국가의 3요소는 국민, 주권, 영토입니다. 하나님은 그분의 백성(국민)들이 하나님의 다스림(주권)에 따라 세상(영토)을 일구어 가는 나라를 기대하십니다. 천지 창조는 그런 하나님 나라를 시작하는 역사입니다. 구속사의 시작인 '창조'는 곧 '하나님 나라의 창조' 입니다.

하나님께서 세상을 창조하신 첫 장면을 이해하는 것은 대단히 중요한 일입니다. 이를 통해 우리는 하나님께서 자기 나라와 백성을 향한 기대가 무엇인지를 엿볼 수 있습니다. 그것은 곧 우리 삶을 향한 기대와 동일하기 때문입니다. 구속사의 첫 장면을 살피며 우리를 향하신 하나님의 뜻을 살펴보겠습니다.

1. 충격적인 이야기 – 천지 창조

고대 근동 지방에는 몇 가지 유명한 창조 신화들이 있습니다. 그 중 두 가지만 간략히 소개하겠습니다.

먼저 이집트(북아프리카, 이스라엘 남쪽)의 헬리오폴리스(Heliopolis) 신화에 따르면 태초에 우주는 누(Nu)라고 불리는 물들이었습니다. 이 물들 속에 창조의 신 '아툼(Atum)'이 둥둥떠 있었습니다. 어느날 아툼과 물들이 분리 되는데 그것이 창조의 시작입니다. 마치 양수에서 아기가 출생하는 장면과 비슷하며, 또 나일 강이 범람할 때 언덕이 물 속에 잠겼다가 물이 빠지며 출현하는 것과도 유사합니다. 이후 아툼은 언덕에 신전을 세우고 신들을 만드는 과정에서 자위행위를 통해 정액을 분사하고 그것을 자기 입에 넣어 다시 토하는 기괴한 행동을 합니다. 여기서 만들어진 신들이 공기의 신 슈(Shu)와 습기의 신 테프누트(Tefnut)입니다. 쌍둥이 남매인 그들은 결혼하여 대지(게브, Geb)와 하늘(누트, Nut)의 신들을 출산합니다. 역시나 남매인 게브와 누트는 결혼해서 오시리스(Osiris)를 낳습니다. 그 외에도 셋(Seth), 이시스(Isis), 네프디스(Nephthys)등의 신들이 이런저런 과정에서 태어나고 서로 결혼, 시기, 질투, 암살, 부활을 반복합니다. 이 신들이 유명한 헬리오폴리스의 엔네아드(Ennead, 아홉 신들)입니다.

메소포타미아(이스라엘 부근) 지방의 창조 신화도 유명합니다. 에누마 엘리쉬(Enuma Elish)라는 점토 책에 기록된 이야기에 따르면, 여기서도 태초에 물이 존재합니다. 단물 압수(Apsu)와 바닷물 티아마트(Tiamat)는 부부입니다. 그들은 라흐무(Lahmu)와 라하무(Lahamu)라는 남매 신을 낳습니다. 이들은 또한 하늘의 신 안샤르(Anshar)와 땅의 신 키샤르(Kishar)를 낳았고, 그 사이에서 아누(Anu)와 에아(Ea)가 출생합니다. 이 중 에아는 담키나(Damkina)라는 여신과의 사이에서 아들이자 고대의 용사 마르둑(Marduk)을 출산합니다. 그런데 신들의 부모격인 압수와 티아마트는 조용한 성품인데 젊은 신들 곧 자신의 자손들이 시끄러워 분을 냅니다. 결국 젊은 신들을 죽이기로 결정한 티아마트는 온갖 괴물로 군대를 조직해 공격했고, 젊은 신들은 속수무책으로 당할 뿐이었습니다. 이에 타고난 용사 마르둑(Marduk)은 라흐무와 라하무(마르둑의 조부모격)에게 신들 중 최고의 지위를 자신에게 주면 티아마트와 싸우겠다고 제안을 했고 신들이 받아들임으로써 전쟁합니다. 결국 승리한 마르둑은 자신의 손으로 죽인 티아마트를 반으로 갈라 상체로 하늘을, 하체로는 땅을 만듭니다. 그렇게 우주의 질서를 확립한 마르둑은 티아마트 군대의 총사령관을 죽이고 그 피를 흙과 섞어서 사람을 만듭니다. 이렇게 만들어진 사람들은 신들의 일을 대신 맡아 노역을 하게 되었고 신들은 안식에 들어갑니다.

자, 어떻습니까? 이 이야기들은 고대 근동 사람들이 믿고 있던 창조 역사입니다. 물론 우리는 그것을 신화(myth)라고 표현하지만, 고대인들은 그것을 역사와 사실로 믿었습니다. 애굽에서 430년간 종살이했던 이스라엘은 이런 헬리오폴리스 신화를 어릴 때부터 듣고 자랐습니다. 그것은 이스라엘 자신들의 이야기가 되어 그들의 세계관을 형성했습니다. 뿐만 아니라 앞으로 들어갈 가나안 땅에도 에누마 엘리쉬라는 이교 신화가 있습니다. 약속의 땅에 들어가더라도 그곳의 음란하고 폭력적인 창조 이야기가 사람들의 세계관에 영향을 미칠 것입니다. 당시 모든 사람들이 이러한 신화 속에서 하늘과 땅, 공기와 물, 해와 달과 별들을 신으로 여기며 숭배했습니다. 창조의 신들은 하나같이 음란하고 패륜적이며 악랄한 싸움꾼이었기에 벌벌 떨며 섬겼습니다. 인간을 창조한 목적이 얼마나 이기적입니까? 자신들의 안식을 위해, 노예로 삼기위해 인간을 만든 신들입니다. 자비와 긍휼은 찾을 수 없습니다. 사람들은 그저 신들의 마음을 만족시켜서 화를 면하고 풍요를 얻어 내는 것에만 혈안이 되었습니다.

이런 상황에서 모세를 통해 가르친 하나님의 천지 창조는 이스라엘에게 가히 충격적인 이야기였습니다. 지금 그들을 인도하고 있는 신은 이제껏 자기들이 생각하던 신에 관한 모든 것을 바꾸어 놓았습니다. 음란하고 패륜적인 폭군만 알다가 질서 정연하고 사람과 인격적인 관계를 맺으려는 신을 보았습니다. 잔뜩 노역시키고 이기적인 안식에 들어간 신이 아니라 인간들에게 안식을 주려고 하는 신 "여호와 하나님"이 그들에게 소개되었습니다. 이전에는 해, 달, 별들을 신으로 알았는데 알고 보니 그것들은 피조물에 불과합니다. 천지 만물을 폭력이 없이 말씀으로 창조하신 하나님이야말로 전능하신 참 신이라는 사실을 창조 역사를 통해 배웠습니다. 지금 그들을 구출하고 있는 신이 바로 온 세상을 만든 창조주입니다!! 이로써 이스라엘 백성들은 올바른 세상의 근원과 진정한 신에 관해 알았습니다. 그들은 창조주와 피조물을 구별할 수 있게 되었고, 노역과 고생이 아닌 안식과 구원이 자신들을 기다리고 있음을 알게 되었습니다. 지금 출애굽 백성들은 하나님이 전능하신 창조주시며 세상을 다스릴분이라는 사실과 자신들을 비롯한 만물은 피조물로서 하나님께 순종해야하는 존재임을 배우고 있습니다.

2. 하나님 나라의 목적

이렇듯 창조의 이야기는 처음 창세기를 읽던 이스라엘 백성들에게 더할나위 없이 새로운 이야기였습니다. 이 창조의 이야기는 앞서 말씀드린대로 '하나님 나라'를 만드시는 장면입니다. 나라, 국가는 일반적으로 세 요소를 지닙니다. 그것들은 국민, 주권, 영토입니다. 하나님께서 창조하신 하나님 나라 역시 이 요소들을 간직하고 있습니다. 하나님께서는 인간을 그 나라 백성으로 삼으시고, 하나님의 주권(sovereignty)에 순종하며, 온 세상(영토)을 다스리는 그런 하나님 나라를 창조하셨습니다. 그렇다면 하나님께서 이런 나라를 만드시면서 그 백성(인간)에게 기대(목적)하신 바는 무엇일까요?

첫째, 세상을 다스리는 것입니다.
대한민국의 주권은 국민에게 있습니다(헌법 제1조 2항). 하지만 하나님 나라에서는 하나님께만 모든 통치권이 있습니다. 이방 신화는 피조물들을 신으로 만듭니다. 해와 달이 신이 되어 사람을 다스리는 것처럼 이야기하지만, 하나님께서는 창조 이야기를 통해 자신이 바로 세상의 창조주임을 선언하십니다. "태초에 하나님이 천지를 창조하시니라". 창세기 1장 1절의 이 놀라운 선언은 창조주와 피조물 사이를 엄격하게 구분 지으며 오직 하나님만이 다스리시는 분임을 알려 줍니다. 하나님이 "있으라" 하시니 세상이 말씀에 순종하여 "있게" 됩니다. 하나님의 주권에 순종하는 피조 세계를 단적으로 볼 수 있습니다. 게다가 하나님은 만물을 창조하실 때 각각 그 이름을 지으십니다. 빛을 낮이라 부르시고 어두움을 밤이라 부르십니다(창 1:5). 뭍은 땅, 모인 물은 바다라 부르셨습니다(1:10). 창조된 모든 것들이 하나님으로부터 존재와 이름을 얻습니다. 이름을 짓는 행위야말로 하나님이 세상을 다스리신다는 의미입니다.

그런데 놀랍게도 하나님은 통치권을 인간에게 주셨습니다! 창세기 1장 26절에서 하나님은 서로 의논하십니다. "우리의 형상을 따라 우리의 모양대로 우리가 사람을 만들자." 창조에 있어 극적인 장면은 바로 인간을 만드시는 이 장면입니다. 하나님은 자신을 닮은 존재로 사람을 만들기로 작정하십니다. 이유는 "그들로 바다의 물고기와 하늘의 새와 가축과 온 땅과 땅에 기는 모든 것을 다스리게" 하기 위해서입니다. 하나님께서 인간을 자기 형상을 따라 지으신 이유는 바로 세상을 다스리도록 하기 위함입니다! 하나님 나라의 주권은 오직 하나님께 있지만, 하나님을 닮은 사람을 통해 세상을 다스리시는 것이 하나님의 뜻입니다. 사람은 선하고 지혜롭고 정의롭게 세상을 다스릴 의무를 받았습니다. 마치 그 나라 왕이신 하나님처럼 말입니다. 이것은 창세기 1장 28절에서 사람에게 주신 명령에 잘 나타나 있습니다. "생육하고 번성하여 땅에 충만하라, 땅을 정복하라, 바다의 물고기와 하늘의 새와 땅에 움직이는 모든 생물을 다스리라." 충만하고 정복하여 다스리는 사명, 이것을 문화 명령(Cultural Mandate)이라고 부릅니다. 여기서 충만, 정복, 다스림은 결코 폭력적인 착취와 번영을 의미하지 않습니다. 인간은 하나님처럼, 하나님을 닮게, 하나님의 뜻과 주권에 순종하면서 세상의 모든 영역(문화, 예술, 사회, 경제, 교육, 교회 등)에서 하나님의 주권을 드러내야 한다는 의미입니다. 모든 영역에서 하나님의 주권을 드러내는 것, 이것이 바로 하나님 나라 백성이 해야 할 일입니다. 실제로 아담은 이 과업을 잘 성취합니다. 에덴에서 그는 모든 짐승의 이름을 짓습니다. 마치 하나님이 그렇게 하셨던 것처럼 말입니다(창 2:19). 인간은 그야말로 하나님 앞에서(coram deo) 세상을 다스리는 왕의 청지기 입니다.

둘째, 하나님과 교제 하는 것입니다.

하나님의 통치 아래서 하나님처럼 선하고 아름답게 세상을 일구어 가는 것이 하나님의 백성, 인간의 사명입니다. 이 사명은 하나님과 교제하며 그분을 잘 알아갈 때 가능합니다. 인간이 하나님의 선하신 뜻대로 세상을 다스리기 위해서는 하나님과 교제하며 그분의 말씀을 들어야 합니다. 창세기 3장 8절에서 타락 직후 하나님은 동산을 거니시다가 아담을 찾으십니다. 여기 '거니시다가'하는 말은 그날 어쩌다 거니신 것이 아닙니다. 습관적으로 거닌다는 의미입니다. 하나님은 매일 동산을 거니시며 무엇을 하셨을까요? 아담과 친밀하게 교제하셨을 것입니다. 매일 하나님은 아담을 만나 말씀하시고, 아담은 그 말씀을 들으며 즐거워했을 것입니다. 그랬던 아담이 보이지 않으니 "네가 어디 있느냐"(3:9) 하고 찾으신 겁니다. 이처럼 하나님은 하나님 나라에서 그 백성과 친밀하게 교제하기를 원하셨습니다. 이런 친밀함은 아담에게 금지의 명령을 주시는 장면에서도 엿볼 수 있습니다. 하나님은 인간에게 세상을 맡기고 저 멀리 떨어져 계시지 않았습니다. 사람을 만드시고는 그에게 찾아오셔서 친밀하게 말씀하셨습니다. "동산의 모든 열매는 마음대로 먹어라"(2:16). 물론 금지의 말씀도 있었습니다(2:17). 하지만 허용이든 금지든 간에 하나님은 인간에게 말씀하셨습니다. 그것은 관계를 맺고 있다는 의미이며, 창세기 3장 8-9절에서 엿볼 수 있듯이 지속적인 교제가 이루어지고 있다는 의미입니다. 이렇게 하나님과 인간이 친밀하게 교제하는 것을 우리는 다른 말로 '언약 관계'라고 부릅니다. 하나님은 인간의 하나님이 되시고 인간은 하나님의 백성이 되어(출 6:9; 레 26:12; 신 29:13; 렘 32:38; 겔 11:20) 하나님과 친밀하게 교제하며 사는 관계가 바로 언약 관계입니다. 하나님 나라에서 백성인 인간은 처음부터 이런 언약 관계 안에서 지음 받았습니다. 하나님과 교제하며 하나님의 말씀을 청종하며 세상을 다스리는 인간. 하나님 나라는 그렇게 건설되어야 합니다.

셋째, 하나님과 함께 안식하는 것입니다.

하나님의 창조는 6일 동안 진행되었습니다. 그리고 마지막 날 안식하셨습니다(창 2:3). 그런데 이날에 대한 묘사가 심상치 않습니다. 하나님은 그날을 복되게 하셨고 심지어 거룩하게 하셨습니다. 그날에 하나님께서 안식하셨습니다. 이 안식은 결코 하나님만의 안식이 아닙니다. 예수님께서는 안식일이 사람을 위해 있다고 하셨습니다(막 2:27). 창조 후 하나님께서 취하신 안식은 사람을 위한 것입니다. 하나님은 자기 안식을 위해 인간을 노역으로 내모는 폭군 마르둑과 질적으로 다릅니다. 하나님은 자신의 백성들 모두가 자신의 안식에 참여하길 원하십니다. 지금 이 말씀을 처음으로 듣고 있는 출애굽한 이스라엘 백성들이 어디로 향하고 있습니까? 가나안입니다. 신명기 12장 9절은 가나안 땅을 '안식'이라고 표현합니다. 하나님께서는 지금 백성들을 안식으로 이끌고 계십니다. 이런 출애굽의 행보는 태초부터 의도된 바입니다. 하나님과 함께 누리는 완전한 안식, 샬롬을 누리며 사는 것, 하나님 나라를 창조하신 중요한 목적입니다.

나오면서

이상 우리는 천지 창조가 하나님 나라의 창조라는 사실을 살펴보았습니다. 하나님은 하나님 나라를 세우시고 그 안에 자기 백성인 인간을 두셨습니다. 그리고 '하나님은 하나님 나라인 그곳에서 인간이 하나님처럼 세상을 잘 다스리며, 동시에 하나님과 친밀하게 교제하고 그분의 안식을 함께 누리기'를 원하셨습니다. 이와 같은 하나님 나라 창조를 바라보며 지금도 우리를 향해 동일한 목적을 지니신 하나님을 생각하지 않을 수 없습니다. 우리 역시 하나님과 교제하며 그분의 안식을 누리면서 마치 하나님처럼 세상을 다스릴 의무가 있습니다.

또한 창조는 우리로 하여금 하나님을 찬송하게 합니다. 하나님은 홀로 완전하신 분이시기 때문에 사람과 교제할 필요가 없습니다. 그럼에도 불구하고 사람을 만드시고 하나님과 친밀한 교제로 초청하셨습니다. 세상 역시 하나님 자신의 능력으로 충분히 완전하게 다스릴 수 있으심에도 불구하고 우리에게 다스리게 하십니다. 신뢰와 사랑의 표현입니다. 이것은 감사와 찬송의 이유입니다. 이제 하나님의 나라는 이렇게 처음 의도대로 잘 일구어져서 만물이 사람과 함께 하나님을 영화롭게 하는 일만 남았습니다. 과연 하나님 나라는 순탄하게 건설될 수 있을까요? 다음 시간 하나님 나라의 이야기가 잘 진행될지, 아니면 심각한 갈등을 맞이하게 될지 살펴 보겠습니다.

생각해 볼 문제

1. 혹시 성경을 읽다가 충격을 받은 일이 있나요? 온 세상을 창조하신 하나님께서 나와 어떤 관계인지를 설명하는 창조의 이야기는 나에게 어떤 의미가 있을까요?

2. 우리는 하나님이 주권자이신 하나님의 나라의 백성입니다. 우리의 삶은 어떤지 나누어 봅시다. 우리가 그 통치 안에 살려면 어떻게 해야 할까요?

3. 하나님과 친밀한 관계 속에서 진정한 안식을 누리기 위해 우리에게 필요한 것은 무엇일까요?

제1장 창조 – 하나님 나라 건설과 문화 명령

1. 충격적인 이야기

- 천지 창조 이야기를 통해 이스라엘 백성들은 ＿＿＿이 새롭게 변화하고 있다.
- 성경의 하나님은 이방 신화의 신들과 달리 사람과 ＿＿＿ 관계를 맺기 원하는 분이다.

	이방신화	창세기
신(God)	신들과 자연물	창조주 한 분 하나님
내용	( )	말씀으로 질서 정연하게 창조
피조물	학대, 노역을 위해	( )

2. 하나님 나라의 목적

국가	하나님 나라
주권	( )
국민	온 인류
영토	( )

a. 하나님의 ＿＿＿＿(주권)을 받으며 하나님처럼 세상을 ＿＿＿＿ 것이다.

- 창1:28은 하나님께서 인간에게 내리신 ＿＿＿ 명령이다.
- 문화 명령의 내용 : 하나님의 형상인 인간은 모든 ＿＿＿＿에서 하나님의 ＿＿＿을 드러내야 한다.

b. 하나님과 인간이 ＿＿＿하는 것이다.

- 하나님과 인간이 친밀하게 교제하는 관계를 일컬어 ＿＿＿＿＿라고 부른다.
- ＿＿＿ 관계 속에서 하나님은 인간의 하나님이 되시고 인간은 하나님의 백성이 된다.

c. 하나님과 함께 ＿＿＿＿하는 것이다.

- 하나님은 안식을 ＿＿되고 ＿＿＿하게 하였다.
- 이 안식은 ＿＿＿ 을 위해 재정된 날이다(막 2:27).
- 하나님은 모든 자기 백성들이 하나님의 ＿＿＿에 참여하기를 원하신다.
- 하나님과 함께 완전한 ＿＿＿＿과 평안을 누리는 것이 하나님 나라이다.

제2장

타락 – 나라의 훼손 창 2장

하나님의 나라는 창조에서부터 시작합니다. 그러나 모든 이야기에 갈등이 있듯이 창조로 시작한 하나님 나라 이야기도 갈등이 생깁니다. 하나님의 구속사에도 무엇인가 일그러져서 회복하지 않으면 안 되는 상황이 됩니다. 바로 '타락'입니다. 하나님 나라가 어떻게 타락했고, 그 타락이 하나님 나라에 어떤 영향을 미쳤는지 함께 살펴봅시다.

1. 하나님 나라와 금지 명령

창조 당시 하나님 나라는 그야말로 낙원이었습니다. 그곳에서 인간은 하나님의 다스림을 받으며, 교제하며 안식을 누렸습니다. 하나님이 주신 '문화 명령'을 수행하며 세상을 하나님 나라로 일구는 노동은 기쁨이었습니다. 하나님 나라에서 인간은 하나님으로부터 모든 것을 위임받았습니다. 하나님의 형상인 인간은 동산에 모든 열매를 허락받았고(창 2:16), 모든 동물의 이름을 지을 정도로 권위가 있었습니다(창 2:19). 즉, 하나님 나라에서 인간은 전혀 부족할 것이 없었습니다. 그러므로 한 가지 금지, 곧 '선악을 알게 하는 나무의 열매는 먹지 말라'는 명령(창 2:17)은 지키기에 큰 어려움이 없었습니다. 모든 것이 아담과 하와에게 주어졌습니다. 선악을 알게 하는 나무의 열매만 먹지 않으면 되었습니다. 하나님의 말씀은 결코 순종할 수 없는 명령이 아니었습니다(참고. 신 30:11). 기꺼이 즐거운 마음으로 순종할 수 있는 상황과 여건이 주어져 있었습니다.

2. 죄의 유입

좋았던 출발은 금방 깨지고 맙니다. 선하게 창조된 하나님 나라가 계속 유지될 줄만 알았는데, 그렇지 못합니다. 바로 죄가 들어오면서부터입니다.

어느 날 뱀이 하와에게 다가왔습니다. 그리고 슬쩍 묻습니다. "정말 하나님께서 동산에 있는 모든 나무의 열매를 먹지 말라 하셨어?" 질문이 이상하지 않습니까? 하나님은 오히려 '동산의 모든 나무의 열매를 먹으라'라고 하셨습니다(창2:16). 뱀의 모양을 한 사탄은 두 번 생각할 필요도 없이 순종해야 할 말씀을 살짝 꼬아서 고민하게 만들고 있습니다. 여자가 대답합니다. "아니, 다 먹을 수 있는데 동산 중앙에 있는 건 먹지도 말고 만지지도 말라고 하셨어." 여자의 말도 좀 이상합니다. 애초에 하나님께서 만지지도 말라는 말씀은 하신 적이 없습니다. 사탄이 묘하게 질문하자 여자도 하나님께서 말씀하신대로 생각하지 않고 덧붙였습니다. 이런 애매모호한 상황에서 뱀은 결정타를 날립니다. "그 열매를 먹으면 네가 하나님처럼 될 거야. 하나님은 그게 무서워서 먹지 말라고 하신 거야." 이 유혹이 먹혀 들었습니다. 그리고 보니 열매가 참 탐스러웠습니다. 먹으면 금방이라도 하나님처럼 만들어 줄 것처럼 보였습니다. "먹는 날에는 정녕 죽으리라"(창 2:17)고 말씀하신 하나님의 음성이 더 이상 기억나지 않습니다. 결국 하와는 그 열매를 먹고 남편 아담에게도 권합니다. 부부는 돌아올 수 없는 강을 건너고 말았습니다. 하나님의 말씀이 아니라 사탄의 말에 귀를 기울였습니다. 그들은 하나님처럼 될 수 있다는 말에 욕망대로 행했습니다. 앞으로 일어날 무시무시한 일은 상상조차 하지 못한 채 말입니다.

3. 죄, 스스로 하나님이 되려고 함

아담과 하와는 하나님의 말씀대신 사탄의 말을 선택했습니다. 하나님은 사람을 로봇이 아닌 자유의지를 가진 존재로 만드셨습니다. 기꺼이 하나님의 말씀에 순종하고 그분을 즐거워할 수 있는 존재가 인간입니다. 하지만 아담은 그 자유의지로 불순종했습니다. 이 불순종은 단순히 아이가 엄마에게 칭얼대며 밥을 먹지 않겠다고 떼를 쓰는 것과는 다른 차원입니다. 왜냐하면 그것은 '하나님처럼 되려고' 했기 때문입니다. 하와가 뱀에게 유혹을 받으면서 마음을 빼앗겼던 부분이 '하나님처럼 될 수 있다'는 말이었습니다. 동산 중앙에 있는 나무의 이름이 무엇입니까? 선악을 알게 하는 나무입니다. 하나님은 그 나무의 열매를 먹지 말라 하셨습니다(창 2:17). 동산 중앙의 나무를 볼 때마다 사람은 하나님의 말씀을 떠올립니다. '먹지 말라고 하셨어.' 이렇게 말씀을 떠올리며 순종하는 그것이 선(善)입니다. 그렇지 않고 '뭐 어때'하며 먹는다면 그것은 악(惡)입니다. 동산 중앙에 있는 나무는 하나님 말씀에 순종하는 것이 선이고 불순종하는 것이 악이라는 사실을 교훈합니다. 나무와 열매에 어떤 신비한 효력이 있어서 선악을 알게 하는 것이 결코 아닙니다. 그런데도 그들은 나무의 열매를 함께 먹었습니다. 하나님처럼 되려고 말입니다. 그들은 단지 열매를 먹은 것이 아니라 악을 행했습니다. 자유의지로 하나님 말씀에 순종하여 선을 행하기보다 사탄의 달콤한 속임수에 넘어가 하나님의 말씀에 불순종하고 악을 자행했습니다. 하나님의 말씀을 무시하고 불순종한 것, 하나님과의 관계를 떠나 하나님처럼 되려고 한 것이 죄의 근본적인 성격입니다. 그들은 선악을 알게 하려고 동산 중앙에 나무를 두신 하나님 대신에 스스로 선악을 판단하는 하나님이 되고자 말씀에 불순종 했습니다. 하나님을 의존하는 존재에서 자율적 존재가 되려고 했습니다.

4. 죄의 결과

스스로 하나님이 되려고 불순종한 인간의 죄는 자기들이 상상도 못할 결과를 가져 왔습니다. 창조하신 하나님 나라 전체가 죄로 물들게 된 것입니다. "네가 먹는 날에는 정녕 죽으리라"하신 말씀이 알고 보니 사람뿐 아니라 하나님 나라 전체에 적용되는 비참한 결과로 확대되었습니다.

a. 인간의 다스림과 문화 명령의 훼손

하나님 나라를 세우신 첫 번째 목적은 하나님의 주권이 온 땅에 선포되는 것입니다. 그것은 하나님의 형상을 닮은 인간이 하나님처럼 세상을 잘 다스릴 때 이뤄집니다. 이처럼 하나님의 주권을 온 세상에 선포하라는 명령이 '문화 명령'입니다. 그런데 '생육하고 번성하여 땅에 충만하라, 땅을 정복하고 모든 생물을 다스리라'(창 1:28)하신 문화 명령의 본래 의도가 죄로 인해 왜곡됩니다. 하나님과 그의 말씀을 경외하는 자들이 온 땅에 가득하여 그들이 하나님처럼 세상을 잘 다스릴 때 하나님의 주권이 선포되고 하나님은 영광을 받으십니다. 그런데 문화 명령의 수단인 출산과 노동이 괴로운 일로 변했습니다. 하나님은 불순종한 아담과 하와에게 출산의 고통과 노동의 수고를 더하셨습니다(창 3:16-17). 타락 이전에는 출산과 노동이 결코 고통스럽지 않았습니다. 6일을 창조하신 하나님을 따라서 6일을 일했을 타락 이전 사람에게는 노동이 괴로움과 탄식이 아니었습니다. 아담이 동물의 이름을 짓는 장면에서 괴로움과 탄식은 찾아볼 수 없습니다. 하지만 이제는 고통스럽습니다. 죄는 하나님 나라의 순리를 파괴했습니다. 6일의 노동은 생존을 위해 필사적으로 달려들어야 하는 괴로움으로 변하고 말았습니다. 출산은 여인의 목숨을 위협할 정도로 위험천만한 일이 되어버렸습니다.

뿐만 아니라 하나님의 형상인 인간의 다스림을 받던 피조 세계가 이제 인간을 대적하기에 이릅니다. 타락 전에도 사자는 인간보다 힘이 셌습니다. 그러나 사람을 공격하지 않았고 오히려 사람으로부터 이름과 다스림을 받았습니다. 하지만 타락 이후에는 이야기가 다릅니다. 사나운 이빨과 날카로운 발톱을 인간에게 들이댑니다. 인간을 해치려 듭니다. 하늘과 땅과 바다도 더 이상 하나님의 대리자인 인간의 다스림에 순종하지 않습니다. 지진과 쓰나미는 오히려 사람의 생명을 위협하는 지경에 이르렀습니다. 이렇게 죄는 하나님 나라를 훼손시켰습니다. 하나님의 주권이 온전히 선포되는 대신 자연은 인간을 대적하고, 문화 명령은 수고와 고통 속에 지키기 힘든 명령으로 전락하고 말았습니다.

b. 교제(언약 관계)의 파괴

사람은 여러 종류의 관계를 맺고 살아가며, 관계 속에서 자신의 가치를 발견합니다. 누구라도 혼자 있으면 외롭고 우울하며 소외감을 느낍니다. 처음 하나님 나라에서 인간은 하나님과 교제하는 친밀한 관계 속에 있었습니다. 바로 여기에 사람의 가치가 있습니다. 하나님의 말씀을 듣고 그분과 함께 교제하며 안식하는 언약 관계에 있을 때 사람은 진정한 가치를 누립니다. 그런데 죄는 하나님과 인간의 관계를 파괴시켰습니다. 하나님과의 교제는 사라졌습니다. 하나님이 교제하시기 위해 아담을 찾았을 때 그는 숨어 버렸습니다(창 3:8). 벌거벗음은 하나님의 낯을 피하게 만들었습니다(창 3:10). 이제 하나님과의 교제는 물거품이 되었습니다.

사람은 떡으로 사는 것이 아니라 하나님의 말씀으로 삽니다(신 8:3; 마 4:4; 눅 4:4). 생명은 하나님 말씀에 있습니다. 그러나 하나님과의 관계가 파괴된 인간은 더 이상 그분으로부터 말씀을 듣지 못합니다. 생명이 사라졌습니다. 그런 의미에서 나무의 열매를 먹으면 '반드시 죽으리라'라고 하신 하나님의 말씀이 실제로 이루어졌습니다. 많은 사람들이 열매를 먹고도 숨 쉬고 있는 아담을 보며 의아해합니다. 하지만 숨만 쉰다고 사는 것이 아닙니다. 사람은 떡이 아니라 하나님 말씀으로 삽니다. 생명이 말씀에서 나오고 말씀은 하나님과의 언약 관계 안에서 공급받습니다. 그러나 지금 아담과 하와는 하나님과 관계가 단절되었습니다. 그러므로 숨을 쉬고 맥박은 뛸지 모르지만 실상은 죽었습니다. 반드시 죽으리라 하신 말씀대로 그들은 죽었습니다. 언약 관계의 단절은 사람과 사람 사이에도 영향을 미쳤습니다. 하나님과 바른 관계가 정립되지 않은 상황에서 인간의 관계는 비정상이 됩니다. '내 뼈 중의 뼈요 살 중의 살이라'며 아내를 칭찬한 아담은 이내 '이 여자 때문에'라며 타락의 책임을 떠넘기기에 급급합니다. 아내는 심지어 남편을 지배하려는 마음까지 품습니다(창 3:16, 너는 남편을 "원하고", "원하고"는 다스리려 한다는 의미가 있다). 평등했던 관계가 일그러지는 순간입니다. 죄는 이처럼 하나님과 사람, 사람과 사람 사이의 관계성을 파괴했습니다. 하나님 나라의 중요한 요소인 교제가 훼손되었습니다.

c. 안식의 상실

	창조	타락
문화명령 : 출산, 노동	기쁨, 즐거운 의무	괴로움, 고통의 수고로 전락
언약 관계	교제하고 말씀을 들음	관계 단절, 말씀 부재 = 사망
안식	인간과 온 피조물의 안식	신음하고 고통

창조와 타락 이후 변화 비교

죄는 또한 하나님 나라의 안식을 빼앗아 갔습니다. 로마서 8장 22절은 피조물이 함께 탄식하며 고통을 겪고 있다고 말합니다. 하나님 나라에서 하나님과 함께 누리던 안식이 온데간데없으니 사람뿐 아니라 피조 세계 전체가 신음하고 괴로워합니다. 우리는 이 땅을 살면서 겪는 모든 고난, 아픔, 질병 등으로 안식하지 못합니다. 눈물과 한숨으로 점철되는 인생입니다. 지금처럼 풍요로운 시대에도 여전히 굶어 죽는 아이들이 세상 한편에 있으며 날마다 심장을 졸이게 하는 일이 한두 가지가 아닙니다. 처음 하나님 나라는 그야말로 모든 것이 조화로운 평화의 공간이었지만 죄로 인해 타락한 세상은 안식을 찾을 수 없는 척박한 광야로 변해 버렸습니다. 이처럼 죄는 인간과 세상이 누릴 안식까지 빼앗아 갔습니다. 아무도 세상에서 진정한 안식을 찾을 수 없습니다.

나오면서

선하고 아름답게 창조된 하나님 나라는 불순종의 죄로 인해 훼손되고 말았습니다. 장밋빛 미래가 펼쳐질 것만 같았던 창세기 1-2장의 창조 역사와 달리 인류와 세상은 너무나 빠르게 타락하고 말았습니다. 그러나 우리 하나님은 이렇게 훼손된 하나님 나라와 타락한 인간을 그냥 내버려 두실 분이 아니십니다. 하나님은 창조의 상태로 세상이 회복되기를 원하십니다. 이제 곧 위대한 구속의 역사를 써 내려가실 것입니다. 타락의 이야기에서 하나님의 구속이라는 여명이 비취고 있습니다. 다음 장부터 하나님의 구속을 살펴 보겠습니다.

생각해 볼 문제

1. 죄는 하나님처럼 되려고 하는 것입니다. 우리는 하나님이 주인이 아닌 내가 주인이 되는 순간
   이 있습니다. 언제 그렇습니까?

2. 하나님과의 언약 관계, 그리고 그 결과로 오는 이웃들과의 관계는 중요합니다. 우리는 하나님
   과 좋은 관계를 맺고 있습니까? 이웃과는 어떤 관계를 맺고 있습니까?

3. 하나님의 창조의 목적은 그분의 안식을 누리는 것입니다. 지금 우리의 삶은 하나님의 안식과
   샬롬을 누리고 있습니까?

제2장 타락 – 나라의 훼손

1. 하나님 나라와 금지 명령

- 하나님 나라에서 인간은 ___ 명령을 기쁘게 수행할 수 있었다.
- 동산의 모든 열매를 허락받았으나 중앙에 있는 _____는 금지되었다.
- 이 명령은 ___ 할 수 없는 명령이 아니다. 즐겁게 ___ 할 수 있었다.

2. 죄의 유입

- 뱀은 교묘하게 하나님의 명령을 꼬아서 당연히 순종해야 하는 하나님의 ___을 고민하게 했다.
- 말씀에 불순종할 경우 주어진 형벌은 ___ 이다.

3. 죄, 스스로 하나님이 되려고 함

- 아담과 하와는 _____가 있었기에 하나님의 말씀과 사탄의 말씀 사이에서 스스로 선택할 수 있는 능력이 있었다.
- 아담과 하와는 하나님의 말씀이 아닌 ___의 말(유혹)을 선택했다.
- 스스로 불순종한 이 모습은 ____처럼 되려고 한 사건이다.
- 선악을 알게 하는 나무를 보며 하나님의 ___을 떠올리게 된다. 말씀에 순종하는 것이 선(善)이요 불순종하는 것이 악(惡)이라는 사실을 배워야 한다.
- 하나님 의존적인 존재가 아닌 _____ 존재가 되려고 한 것이 바로 죄의 본질이다.

4. 죄의 결과

- 하나님의 _____ 전체가 죄의 결과에 물들었다.

	창조	타락
문화 명령 (출산, 노동)	기쁨, 즐거운 의무	괴로움, 고통의 수고로 전락
교제 (언약 관계)	교제하고 말씀을 들음, 순종함	관계 단절, 말씀 부재 = ___
안식	인간과 온 피조물이 함께 누림	인간, 온 피조물이 ___하고 ____

창조와 타락 이후 변화 비교

구속의 시작 – 하나님 나라의 회복과 언약 창 3-11장

하나님의 나라는 인간의 불순종으로 훼손되었습니다. 사람과 창조 세계 전체가 타락의 늪에 빠졌습니다. 그러나 세상이 죽음의 영향력 아래 들어가는 순간 우리 하나님은 구속의 계획을 실행하십니다. 하나님의 구속 역사가 본격적으로 시작됩니다. 다 함께 이 놀라운 구속 이야기의 첫 장면으로 떠나 봅시다.

1. 구속은 언약의 회복을 통해

앞서 우리는 죄의 본질을 살펴보았습니다. 죄, 곧 불순종은 결국 '하나님처럼 되려는 것'입니다. 하나님을 의존하는 존재이기를 포기하고 자율적인 존재가 되려는, 하나님으로부터 독립을 시도한 것이 바로 죄의 본질입니다. 죄는 하나님과의 관계를 단절시킵니다. 하나님과 직접 매일 교제를 누리는 친밀한 관계, 곧 언약 관계에서 벗어나는 것이 죄요 타락의 핵심입니다.[1] 손상된 하나님과의 관계는 사람과 사람, 사람과 자연의 관계에 영향을 미칩니다. 남녀가 서로를 지배하려 하고 자연이 인간을 공격하는 현상은 모두 하나님과의 뒤틀린 관계에서 비롯되었습니다. 따라서 하나님 나라를 회복하려면 먼저 하나님과의 관계를 회복해야 합니다. 하나님과의 관계, 곧 언약관계가 회복되면 사람과 사람, 사람과 자연의 관계 역시 해결될 수 있습니다. 하나님과 바른 관계, 즉 하나님을 버린 인간이 다시 하나님을 경외하고 그분만 의지하는 언약을 맺는 것이 구속의 핵심입니다.

2. 언약을 세우시다

언약 관계가 깨지자 마자 하나님은 아담과 언약을 다시 맺으십니다. 사람과 교제하려고 동산에 오셨던 하나님은 아담이 부끄러워 숨은 것을 보시고 아담의 불순종을 아셨습니다(창 3:11). 하나님은 뱀, 여자, 남자를 다 불러 모아 순서대로 저주와 심판을 선언하시지만, 언약을 계속 이어가십니다. 하나님 나라의 백성을 구원하시려고 저주와 심판 중에도 은혜의 약속을 하십니다. 순서대로 언약의 말씀을 살피며 하나님의 구속 계획을 알아봅시다.

1) 뱀에게 하신 저주(창 3:14-15)

창세기 3장 14절은 뱀을 향해 저주를 선언합니다. 뱀이 가장 먼저 그리고 가장 핵심적인 저주를 받은 이유는 뱀이 이 사건을 일으킨 원흉, 사탄이기 때문입니다(계 12:9). 이어지는 15절은 흔히 '원시 복음'이라는 뱀을 향한 저주와 뱀을 이길 한 후손에 관한 약속입니다.

---

1 여기서 잠깐, 우리는 보통 '죄'를 윤리 도덕적으로만 이해합니다. 도둑질, 거짓말, 강도 등으로 말입니다. 하지만 죄는 하나님과의 언약 관계에서 찾아야 합니다. 하나님과 올바른 관계, 즉 언약 관계 안에 있지 않기 때문에, 거짓말하고 도둑질합니다. 죄의 본질을 윤리 도덕적으로 따지기 이전에 하나님과의 언약을 무시하고 깨뜨린 것으로 이해해야 합니다.

a. 배로 기며 흙을 먹을 것

하나님께서는 타락과 훼손의 원인을 제공한 뱀에게 저주를 선언하십니다. 피조된 짐승이면서 하나님의 말씀을 왜곡하여 사람을 범죄하게 만들어 모든 짐승들보다 더욱 저주를 받았습니다(3:14). 거짓으로 사람을 유혹하여 죄를 짓게 한 뱀을 저주하신 것을 보면, 인간뿐 아니라 창조 세계 전체를 여전히 언약의 대상으로 보고 계시다는 사실을 확인할 수 있습니다. 뱀은 다른 짐승보다 낮아져 기어 다니며 흙을 먹도록 저주를 받습니다. 이 저주는 패배를 상징합니다. 당장은 뱀이 이긴 것 처럼 보이지만 하나님의 구속 역사를 통해 흙에서 뒹구는 패배자가 될 것을 미리 보여 줍니다.

b.적개심

패배의 표시로 기어 다니는 뱀에게 주어진 저주는 바로 적개심입니다. 하나님은

뱀에 대한 저주와 후손에 대한 언약(창3:14-15)	
배로 기며 흙을 먹음 (패배의 상징을 몸에 지님)	적개심 (다시금 언약 백성이 될 가능성)

뱀과 여자, 뱀의 후손과 여자의 후손이 서로 원수가 되는 관계, 서로 적개심을 가지고 투쟁하는 관계로 만드십니다. 여자와 남자는 원래 하나님과 한편이었습니다. 그러나 사탄의 치명적인 유혹에 굴복한 이후, 그들은 하나님이 아닌 사탄과 한통속이 되었습니다. 하나님과의 언약 관계 대신 사탄과 관계를 맺는 백성이 되었습니다. 이에 하나님께서는 근원적인 처방을 내리십니다. 바로 사탄과 사람 사이에 적개심이 일도록 서로 미워할 씨앗을 심어놓습니다. 인간이 당장은 사탄과 한편이 되었지만 사탄과 영원히 함께하지 않도록, 나아가 하나님과의 언약 관계를 다시 회복하도록 개입하십니다. 하나님께서는 "내가 너로 ... 원수가 되게 하고"라고 말씀하시며, 주권적으로 사탄과 사람 사이에 적개심을 불어넣으십니다. 영원히 사탄의 말을 듣는 사탄의 백성이 될 뻔한 인간은 하나님이 불어넣으신 적개심 덕분에 사탄을 미워하고 사탄과 투쟁하며 다시 하나님과 관계할 수 있는 여지를 갖게 됩니다.

c. 적개심의 주인공들

• 사탄 vs 여자

먼저 하나님은 뱀(사탄)과 여자가 원수가 되게 하십니다. 하나님은 한 후손을 통해 하나님 나라를 훼손한 장본인인 사탄을 짓밟으실 예정입니다. 그래서 먼저 그 후손을 낳을 여인이 사탄과 원수가 되도록 하십니다. 이 여인은 누구일까요? 일차적으로는 지금 저주를 받는 하와입니다. 그러나 이후로 사탄과 싸울 모든 구원자를 낳을 여성들까지 포함합니다. 여성은 구속 역사에서 중요한 역할을 합니다. 여성을 통해 한 후손이 태어나고, 그를 통해 하나님은 자신의 구원 역사를 이루십니다. 이는 성경에서 발견되는 중요한 유형입니다. 예를 들면, 사라, 리브가, 한나, 엘리사벳, 마리아가 있습니다.

• 사탄의 후손 vs 여자의 후손

타락의 당사자였던 사탄과 여자 뿐 아니라 그들의 후손들도 서로 적개심을 가지고 투쟁하게 될 것입니다. 그렇다면 사탄의 후손은 누구일까요? 귀신과 마귀일까요? 또 여자의 후손은 모든 인류를 가리키는 걸까요? 아닙니다. 당장 가인과 아벨을 보십시오. 가인에 대한 성경의 평가는 '악한 자(사탄)에 속한다' 입니다(요일 3:12). 또 세례 요한과 예수님은 당시의 위선적인 사람들을 향해 독사의 자식 곧 '뱀의 후손'이라고 하셨습니다(눅 3:7; 마 12:34). 즉 사탄의 후손이란 마귀와 귀신들만 아니라 사탄과 그에게 속한 모든 사람들을 의미합니다. 반면 여자의 후손도 하와 이후에 태어나는 모든 여자의 자손이 아니라 하나님께 속한 언약 백성이 여자의 후손입니다. 가인을 보십시오. 여자의 후손이라고 해서 다 사탄과 대립하지 않습니다. 특별한 후손만이 사탄과 원수가 되는 여자의 후손입니다. 사탄을 대항하고 미워하는 적개심은 하나님께서 주권적으로 개입하여 주시고자 하는 사람에게만 허락된 마음입니다. 특별한 인류, 언약 백성이 여자의 후손입니다.

- '그'가 사탄과 대립

하나님은 인간에게 사탄을 향한 적개심을 심으십니다. 그러나 모든 사람이 아닌 선택한 특별한 사람들에게만 적개심을 주십니다. 이렇게 점점 좁혀지는 사탄을 대항하는 세력은 15절 마지막 부분에서 '그'로 향합니다. 뱀의 머리를 상하게 하는 주인공은 '여자의 후손'입니다. 또한 뱀이 발꿈치를 상하게 하는 대상 역시 '그'의 발꿈치이므로 한 사람입니다. 여자의 후손으로 태어나는 모든 인류가 아닌 오직 한 사람 '그'가 뱀의 머리를 상하게 하고 발꿈치 정도만 상해를 입게 될 것입니다. 적개심을 가진 두 세력(사탄과 여자의 후손)의 대결은 궁극적으로 '사탄'과 '그'의 대결로 귀결됩니다. 타락의 원흉인 사탄과 대결자인 여자의 후손 '그'는 서로를 맹공격을 할 것입니다. 서로를 파멸시키기 위한 목적으로 적개심을 갖고 싸울 것인데, 치명상을 입는 쪽은 뱀, 바로 사탄입니다! 머리가 깨진 뱀은 패할 것입니다. 하나님은 하나님을 기만하고 사람을 미혹한 사탄을 완전히 파멸할 것이며, 이로써 온 세상을 구원하실 것입니다. 성경에 기록된 하나님의 구속 이야기들을 살펴보면 이처럼 원수의 머리가 상하게 되는 장면들을 자주 목격할 수 있습니다(목이 밟힌 가나안 왕들[수10:22-25], 머리가 잘린 골리앗[삼상 17:49, 54], 머리를 쳐 깨뜨리며 승리하는 메시아[시 110:6] 등).

2) 하와에게 하신 말씀(창 3:16)

타락의 순서대로 하나님은 이제 하와에게 말씀하십니다. 그것은 축복과 저주를 동시에 포함하고 있습니다. 먼저 출산에 관해 말씀하십니다. 우리는 출산이 저주의 결과로만 생각하지만 그렇지 않습니다. 처음 지어질 때 출산은 자연스런 생존 번식의 방법이었습니다. 출산을 통해 생육하고 번성하고 땅에 충만하며 문화 명령을 수행할 수 있었습니다. 비록 고통으로 변하긴 했지만, 타락 이후에도 하나님은 출산을 유지시키십니다. 여성의 출산으로 후손이 날 것이고, 사탄과 궁극적으로 대결할 후손이 올 것이기 때문입니다. 디모데전서 2장 15절에서 여자들이 해산함으로 구원을 얻으리라는 말씀은 여자의 출산을 통해 구원자가 올 것을 말하는 창세기 3장 15-16절을 반영하고 있습니다.

반면 저주도 있는데, 출산 때 고통을 더하셨습니다. 출산이 비록 사탄과 대결할 '그'가 오는 통로이긴 하지만 죄로 인해 고통스럽고 생명이 위협받는 일로 바뀌었습니다. 또한 아내는 남편의 지배를 받게 될 것입니다. "너는 남편을 원하고 남편은 너를 다스릴 것이니라"(창 3:16). 남편을 원하는 것이 잘못된 것입니까? 여기서 원한다는 말은 지배하려 한다는 뜻입니다. 원래 여자는 돕는 배필입니다. 남편을 돕고 그를 존중하며 하나님 나라를 일구어 갈 존재였습니다. 그러나 선악을 알게 하는 나무의 열매를 먹을 당시 하와는 어땠나요? 오히려 남편을 미혹하고 지배했습니다. 따라서 하나님은 창조의 질서가 헝클어진 상황을 교정하려고 하셨습니다. 처음 창조 때처럼 남편의 지배를 받도록 말입니다. 그러나 오해하지 맙시다! 남편의 지배는 결코 폭정이 아닙니다. 강압적인 지휘가 아닙니다. 그것은 에베소서 5장 25절에 "남편들아 아내 사랑하기를 그리스도께서 교회를 사랑하시고 그 교회를 위하여 자신을 주심 같이 하라"처럼 사랑에 기초한 헌신적인 보호와 보살핌입니다.

3) 아담에게 하신 말씀(창 3:17)

	축복	저주
여자	1. 출산을 유지 : 사탄을 이길 '그'를 주시려고, 문화 명령이 여전히 유효	1. 출산이 고통스러워짐 2. 남편의 다스림을 받음 : 남편을 다스리려는 본능 억제
남자	2. 소산이 있음 : 백성을 보존하시는 은혜	1. 노동의 고달픔 : 문화 명령의 훼손 2. 흙으로 돌아감 : '죽으리라'는 말씀대로 이루어짐

남자와 여자에게 주신 약속(창 3:16-19)

아담에게 하신 약속에도 축복과 저주의 양면성이 있습니다. 먼저 축복은 비록 수고가 있겠지만, '소산을 먹으리라' 하신 것입니다. 타락한 인간은 하나님과의 언약 관계에서 끊어졌기 때문에 죽은 존재입니다. 하지만 하나님은 인간의 목숨을 곧바로 거두시지 않습니다. 인간이 목숨을 유지하고 살 수 있도록 여전히 소산을 허락하십니다. 이미 사망 선고를 받았지만, 그는 '은혜'로 살아갈 수 있게 되었습니다. 하나님 나라의 백성은 먹을 것을 공급받으며 보존됩니다(창 1:30).

반면, 남자의 '노동'은 저주를 받습니다. 원래 노동은 창조의 질서로 아름답게 세상을 일구는 수단이었습니다. 하지만 죄로 인해 노동은 생계를 유지하기 위한 처절한 몸부림으로 전락합니다. 고된 노동을 통해서만 소산을 얻을 수 있습니다. 남자가 창조 때 하나님의 명령인 노동을 무시했으니 그것을 회복하기 위해 그는 힘들게 노동할 수밖에 없습니다. 또 다른 저주는 흙으로 돌아가는 것입니다. 처음에 하나님은 불순종의 대가는 '죽음'이라고 분명히 말씀하셨습니다. 그 말씀대로 인간은 이제 흙으로 돌아가는, 죽는 존재가 되고 맙니다.

나오면서

인간의 타락은 하나님과의 언약 관계를 파기하기에 이르렀지만, 하나님은 죄의 유입을 관망하지 않으시고 적극적으로 개입하십니다. 하나님은 악의 근원인 사탄과 대결할 여자의 후손을 약속하시고, 여자의 후손이 뱀의 머리를 부수고 다시 언약 관계를 회복하며 온 세상 곧 하나님 나라를 회복할 것을 언약하십니다. 이것이 하나님께서 세우신 구속의 계획입니다. 이제 이 말씀 위에서 구속의 드라마가 펼쳐질 예정입니다. 그 과정에서 문화 명령이 회복되고, 언약 관계가 복구되며, 진정한 샬롬(안식)이 다시 주어지는 하나님 나라가 성취될 것입니다.

생각해 볼 문제

1. 하나님은 인간과 언약 관계를 맺으십니다. 그 관계 안에 있는 사람에게는 생명과 평안이 있습니다. 우리와 하나님의 관계는 어떠한가요? 하나님의 언약 아래 있는 백성인가요?

2. 하나님의 백성인 우리는 뱀의 후손과 적대적인 관계입니다. 우리의 삶은 이 영적 전투의 삶인가요? 뱀의 후손은 우리의 영적 전투의 대상인가요?

3. 노동과 출산은 저주이면서도 축복입니다. 우리는 노동으로 수고하는 것을 어떻게 이해하고 있나요? 출산은 우리에게 어떤 의미인가요?

제3장 구속의 시작 - 하나님 나라의 회복과 언약

1. 구속은 언약의 회복이다

• 죄는 하나님과의 친밀한 관계 곧 ____관계에서 벗어나는 것

• 하나님 나라 회복(구속)은 ____의 회복으로 이루어진다.

2. 언약을 세우시다.

• 하나님은 인간이 타락한 그 현장에서 즉시 ___의 역사를 시작하신다.

• 불순종의 주인공들에게 다시 ____하신다.

• 이 언약은 하나님 나라의 백성을 구원하시려고 하는 하나님의 ___ 언약이다.

1) 뱀에게 하신 저주

a. 배로 기며 흙을 먹을 것 - _____ 전체가 구속을 받아야 하는구나 하는 사실을 깨달음 ____의 상징을 몸에 새기심

b. _____ - 뱀과 여자, 뱀의 후손과 여자의 후손이 서로 미워하게 하셔서 영원히 사탄과 짝하지 못하게 하신 하나님의 조치

c. 사탄, 사탄의 후손 VS 여자, 여자의 후손, '_'

d. 뱀이 패배하고 여자와 여자의 후손과 '그'가 승리할 것을 약속하신 창 3:15을 우리는 ___복음이라고 부른다.

적개심의 대상	내용
사탄 VS 여자	구속사에서 중요한 위치를 차지할 여성
사탄의 후손 VS 여자의 후손	사탄에게 속한 자와 하나님께 속한 언약 백성의 대결
사탄 VS 그	사탄과 약속된 한 사람 '그'의 대결 '그'가 사탄의 머리를 밟으며 승리

적개심 (창 3:15)

2) 하와에게 하신 말씀

저주	축복
출산의 ____ 남편을 _____(다스리려는) 습성을 억제시키심	비록 고통스럽지만 ____을 유지시키심

3) 아담에게 하신 말씀

저주	축복
_____은 생계를 위한 처절한 몸부림이 되고 말았다. ___으로 돌아가는 것 : 불순종의 대가인 죽음을 받게 됨	____을 먹으리라 하신 것, 언약 관계에서 끊어져 죽은 아담이지만, 즉시 목숨을 거두지 않으시고 유지하고 살 수 있도록 자비를 베푸심. 이것은 그가 '____'로만 산다는 것을 보여준다.

제4장

구속의 과정 1. 백성 만들기 창 12-50장

훼손된 하나님 나라를 회복하기 위해 하나님은 타락의 현장에 급히 개입하셨습니다. 하나님과의 언약 관계를 깨뜨리고 사탄과 짝을 맺은 인간을 찾아오셔서 둘 사이에 적개심을 심으셨습니다. 그리고 여자가 낳을 한 후손을 통해 뱀(사탄)을 물리치시고 자기 백성을 회복하실 구속 계획을 보여 주셨습니다(창 3:15). 이러한 계획 아래 하나님은 먼저 하나님 나라의 백성을 준비하는 일을 착수하십니다.

1. 두 계보

타락한 아담과 하와가 에덴에서 쫓겨난 후 자녀를 낳았으나(창 4:1) 형 가인은 동생 아벨을 죽입니다. 이후 아담과 하와는 셋을 출산했고, 창세기는 가인과 셋 그 둘의 계보를 설명합니다(창 4:16~5:32). 특이한 점은 이 두 족보와 관련한 이야기가 상당히 상반된다는 점입니다. 각각의 계보가 지닌 특이한 점을 간략히 살펴봅시다.

먼저 에녹에서 라멕으로 이어지는 가인의 계보는 어두운 이야기뿐입니다. 가인이 낳은 아들은 에녹인데 그 이름을 본떠 성을 쌓았습니다. 하나님은 죄를 지은 가인에게 유리하며 방황할 것을 명하셨지만(창 4:12) 가인은 하나님의 말씀을 무시한 채 성을 쌓고 자기 아들 이름을 붙였습니다. 라멕의 경우 치를 떨게 하는 범죄를 저지릅니다. 그는 아내 둘을 둔 일부다처제의 시조였으며 조상 가인의 행위를 본받아 살인자가 됩니다. 소년이 자신에게 약간의 상해를 입혔다는 이유로 묻지 마 살인을 저질렀습니다. 라멕의 아들들, 즉 야발, 유발, 두발가인은 모두 문명의 시조입니다(목축, 음악, 금속 가공 등). 그런데 자기들이 일군 문명을 선하게 사용하지 않습니다. 문명을 시작한 사람들의 이름은 모두 '발'을 갖고 있습니다. 이는 원어적으로 아벨의 '벨'을 모방한 것입니다. 게다가 농기구, 무기 등의 시조인 두발가인은 직접적으로 살인자 '가인'의 이름을 본떴습니다. 두발가인의 누이 나아마는 '즐거움'이란 뜻입니다. 종합해 보면 피해자 아벨의 향수가 베인 이름에 살인자 가인이란 이름을 붙였을 뿐 아니라 즐거움까지… 어쩌면 살인을 추억하고 쾌락을 좇는 삶을 살았다는 방증은 아닐까요?

반면 다른 계보, 곧 셋의 계보는 이와 다릅니다. 에노스로부터 노아에 이르는 이 계보에는 경건한 인물들이 많이 등장합니다. 에녹은 우리가 잘 아는 대로 365년을 하나님과 동행하다 죽지 않고 하늘로 올라갔습니다(창 5:24). 라멕은 하나님의 위로를 기다리는 자였고(아들 '노아'이 이름은 위로라는 뜻, 5:29), 노아는 설명이 필요 없는 믿음의 사람이었습니다. 이처럼 셋의 계보는 가인과 달리 경건한 후손으로 이어집니다.

이와 같이 두 족보의 자손들은 질적으로 다른 후손임을 알 수 있습니다. 공교롭게도 두 계보 사이 자손들의 이름이 유사합니다. 반면 그 행위는 천지 차이입니다. 두 계보가 서로 대립각을 세우면서 완전히 다른 양상으로 진행합니다. 이는 창세기 3장 15절의 하나님의 말씀을 떠올리기에 충분합니다. 뱀의 후손과 여자의 후손, 그 둘이 적개심을 품고 대립하는 모습 말입니다. 족보를 기록한 이유가 있습니다. 그것은 하나님의 구속 역사가 진행되는 동안 '과연 누가 하나님의 백성인가', '약속하신 후손이 오실 계보는 어떤 쪽인가'를 가르쳐 주는 나침반입니다. 하나님은 인류가 죄를 지어 에덴에서 쫓겨난 상황에서도 여전히 하나님 백성의 계보를 보존하고 계십니다. 경건하게 이어지는 셋의 족보가 이를 증명합니다.

2. 홍수 심판, 바벨탑, 그리고 하나님의 백성

하나님께서 보존하신 백성의 계보는 창세기 3장 15절의 말씀대로 뱀의 후손에 대해 적개심을 품어야 했지만, 점점 그렇지 못합니다. 급기야 하나님의 아들들(셋의 후손=여자의 후손)이 사람의 딸들(가인의 후손=뱀의 후손)의 아름다움에 반하여 아무나 아내로 삼기에 이르렀습니다(창 6:2). 하나님은 이내 진노하셨고 온 세상을 홍수로 심판하셨습니다. 그런데 이 심판 과정에서도 하나님의 구속 의지는 여전히 드러나고 있습니다. 하나님은 노아(위로, 안식)를 택하셔서 경건한 후손의 계보가 이어지도록 은혜를 베푸셨습니다. 모든 짐승의 암수 한 쌍을 방주에 태우신 하나님의 의도는 분명 온 세상을 하나님 나라로 회복하시려는 뜻이 분명했기 때문입니다. 그러나 피조 세계의 회복은 하나님과 인간의 언약 관계가 먼저 회복되어야 합니다. 이에 하나님은 홍수 이후 노아와 다시 언약을 맺으십니다.[2] 하나님은 심판 중에도 긍휼을 베푸셔서 보존하신 하나님 나라의 백성과 다시 관계를 맺고 그 나라를 누리기를 원하셨습니다.

홍수 이후 인류는 노아 가족 8명에서부터 다시 시작합니다. 이제는 인류가 하나님을 경외하며 잘 섬길까요? 죄악 가운데 잉태되고 출생한 인류는(시 51:5) 여전히 본

---

2 노아 언약의 내용은 창조 때 인간에게 주신 명령과 상당히 유사합니다(생육, 번성, 땅에 충만, 자연을 다스릴 것 등, 창 9:1-7). 하나님은 자기 백성과의 언약을 갱신하여 하나님 나라를 회복하시며 문화 명령을 새롭게 수행하도록 하셨습니다. 이러한 언약 체결은 성경 전체에 걸쳐 중요한 구속 사건 때마다 나타나며, 마지막에는 예수님을 통한 새 언약으로 갱신되어 창조 때 하나님과 가졌던 언약 관계를 온전히 회복하게 하는 중요한 주제입니다.

성적인 악을 버리지 못하고 하나님께 불순종했습니다. 그 절정이 바벨탑 사건입니다. 처음 아담이 죄를 지을 때처럼 바벨탑의 사람들도 하나님처럼 되고자 합니다. 하나님께서는 죄에 대한 벌로 사람이 유리방황하도록 명하셨지만(창 4:12), '서로 흩어지기를 면하자'라고 하면서 하나님을 대항했고(창 11:4), 하나님의 이름을 의지하기보다 자기들의 이름을 내기 원했습니다(창 11:4). 아담과 하와처럼 하나님을 벗어나 자율적인 존재가 되고자 발악했습니다. 하나님께서는 그런 사람들의 언어를 흩으셨고 이후로 하나님 나라의 구속 역사는 중요한 국면을 맞이합니다. 바로 하나님의 백성을 준비하기 위해 아브라함을 특별히 부르신 사건입니다.

3. 아브라함을 부르심 – 하나님 나라의 백성으로 한 민족을 준비하심

창세기 11장까지 창조와 타락, 구속이라는 큰 계획에 관한 이야기로 숨 가쁘게 진행되었다면, 창 12장부터는 보다 본격적이고 세밀하게 구속 역사가 진행됩니다. 그 첫 번째가 하나님 나라의 백성을 새롭게 만드는 일입니다. 타락한 세상에서 하나님 나라의 백성, 곧 여자의 후손은 누구입니까? 에덴에서부터 창세기 11장까지는 셋의 후예 중 셈의 자손들이었습니다. 하지만 안타깝게도 모두 하나님 나라의 백성답게 말씀에 온전히 순종하는 데 실패했습니다. 사람의 딸들을 사랑했고, 홍수에서 건짐을 받고도 악을 행하며, 바벨탑을 쌓았습니다. 이제 하나님은 하나님의 나라를 세우는 통로를 온 인류에서 한 가족에 집중하십니다. 그 시선의 끝에 아브라함이 있습니다. 성경은 하나님 나라의 회복을 위한 백성을 만드는 과정에서 아브라함과 그의 후손들, 곧 이스라엘에 관심을 모읍니다. 하나님은 아브라함과 그의 후손(이스라엘)을 하나님 나라의 백성으로 삼으시고 그들을 통해 열방을 구속하는 계획을 이어가십니다. 아브라함을 불러 맺은 언약 속에 녹아 있는 하나님의 기대를 살펴봅시다(창12:1-3).

첫째, 땅을 약속하시다.

하나님은 창세기 12장 1절과 15장 7절에서 아브라함에게 가나안 땅을 약속하십니다. 약속하신 그곳은 하나님께서 자기 백성을 다스리시는 하나님 나라가 될 것입니다.

둘째, 후손을 약속하시다.

하나님께서는 단순히 후손을 약속하시는 것을 넘어 별과 모래처럼 많고 또 강한 나라가 될 것을 약속하셨습니다. 큰 민족을 이룰 아브라함의 후손은 하나님의 말씀에 순종하며 의와 공도를 행해야 했습니다(창 18:19). 하나님의 말씀과 다스림에 순종하는 이 민족이 바로 하나님 나라의 백성이 될 것입니다.

셋째, 복을 약속하시다.

하나님은 또한 아브라함을 복의 근원으로, 더 정확히 말하면 '복'으로 삼으셨습니다. 이는 아브라함뿐 아니라 그의 후손에게도 동일하게 적용되는 약속입니다(창 18:18). 아브라함과 그의 후손(앞으로 이루게 될 이스라엘 민족)이 복인 이유는 이들을 통해 온 열방이 함께 복을 얻기 때문입니다! 그렇습니다. 하나님께서 아브라함을 부르신 이유는 그와 그의 후손을 통해 천하 만민, 즉 열방에 복을 주시기 위해서입니다. 온 세상이 다시 하나님 나라로 구속되고 회복되는 복이 아브라함과 그의 후손을 통해서 성취될 것입니다. 아브라함과 후손은 열방을 향한 선교사이며 축복의 통로입니다. 창세기 3장 15절에서 약속하신 '여자의 후손'은 아브라함의 후손으로 오실 것입니다!

아브라함에게 주신 약속을 종합해 보면, 하나님께서는 지금 아브라함을 부르시고 큰 민족 이스라엘을 이루어 그들을 바로 하나님 나라의 백성으로 삼을 것입니다. 그들은 약속의 땅 가나안에 정착해 그곳을 하나님의 나라로 만들 것입니다. 하나님은 아브라함과 그의 후손을 통해 천하 만민이 복을 얻을 것이라고 약속하셨습니다(창 12:3; 18:18). 아브라함과 그의 후손 이스라엘만 아니라 그들을 통해 열방이 구속되고 하나님 나라에 참여하는 복을 누리기를 하나님은 원하십니다. 이제 남은 것은 '이 약속대로 과연 성취될 것인가'하는 것입니다. 하나님께서 아브라함에게 주신 약속들이 잘 이뤄진다면 온 세상은 구속의 은혜를 누릴 것입니다. 과연 하나님은 약속에 신실하실까요? 또한 약속을 받은 아브라함과 그의 후손도 하나님과의 약속을 잘 기억하고 신뢰할까요?

4. 족장들의 이야기(창12-50장)

아브라함을 부르신 이후 그의 생애와 이삭, 야곱으로 이어지는 족장들의 이야기는 과연 '하나님께서 아브라함에게 하신 약속을 지키시는가'하는 문제에 답을 줍니다. 특별히 창세기 12장 이후부터 출애굽기 초반까지는 '아브라함에게 주신 약속 중 후손에 대한 약속(큰 민족)이 과연 이루어지는가', '하나님 나라의 백성이 잘 준비되는가'를 보여 줍니다.

예를 들어 하나님께서 아브라함의 후손으로 큰 민족을 이루겠다고 하셨지만 정작 사라는 나이가 많은 아이를 낳지 못하는 여성이었습니다(창 17:17; 18:11). 큰 민족은 고사하고 임신조차 할 수 없는 형편이었습니다. 아브라함은 하나님의 약속을 잘 알고 있었지만, 인간적인 방법으로 이 난관을 극복하려고 했습니다(창 16장. 하갈에게서 이스마엘을 낳음). 그러나 하나님은 아브라함의 잔꾀를 인정하지 않으시고, 도무지 임신할 수 없는 사라가 이삭을 기적적으로 낳게 하셨습니다(창 21:2). 아브라함은 신실하지 않았지만, 우리 하나님은 약속대로 신실하게 일하는 분이심을 볼 수 있습니다.

이삭의 경우도 마찬가지입니다. 그의 아내 리브가 역시 아이를 낳지 못하는 여성이

52

었습니다(창 25:21). 그녀가 자식을 낳지 못하면 하나님의 약속과 온 세상의 구속은 물거품이 되고 맙니다. 그러나 하나님은 이삭에게도 신실하게 행하셔서 기적적으로 자손을 허락하십니다. 아브라함에게 하신 자손의 약속을 여전히 이루고 계십니다.

야곱은 우리에게 종종 약삭빠른 인물로 비춰질 때가 많습니다. 그러나 하나님은 그가 이스라엘 12지파의 조상들을 낳게 하십니다. 이로서 큰 민족이 될, 하나님 나라의 백성을 이루기 위한 기초를 놓으셨습니다.

마지막으로 요셉은 어떻습니까? 우리는 요셉 이야기를 단순히 역경 속에서 하나님을 의지하는 믿음의 사람 정도로 이해할 때가 많습니다. 하지만 요셉 이야기는 하나님께서 아브라함에게 하신 약속을 어떻게 지키시는지 보여 주는 구속사의 중요한 이야기입니다. 하나님은 요셉으로 하여금 파란만장한 세월을 지나게 하신 후에 애굽의 총리로 삼으십니다. 나중에 이스라엘 족속 70명은 요셉이 총리로 있는 애굽으로 이주합니다. 만약 하나님께서 요셉을 준비시키지 않으셨다면 야곱의 가족은 기근 중에 모두 굶어죽었을 것입니다. 그랬다면 큰 민족도, 하나님 나라의 백성도 만들어지지 못했을 것입니다. 그러나 하나님은 자신의 구속 역사를 진행하시면서 약속하신 바를 이루기 위해 요셉을 택하셨고, 그를 통해 애굽이라는 우산 아래서 아브라함의 후손들이 "생육하고 불어나 번성하고 매우 강하여 온 땅에 가득"하게 하셨습니다. 하나님은 약속대로 큰 민족, 이스라엘을 이루셨습니다(출1:7).

나오면서

하나님께서 백성을 만드시는 이야기를 통해 우리는 소망을 갖습니다. '아, 하나님은 온 세상을 구속하시려고 아브라함에게 약속을 주시고, 그 약속대로 신실하게 역사해 가시는구나! 정말 세상은 하나님의 신실하심 때문에 구속될 수 있겠구나'하는 확신과 기대를 할 수 있습니다. 이제 이어지는 출애굽기는 하나님이 아브라함에게 하신 또 다른 약속, 땅에 대한 약속을 어떻게 이루시는지 보여 줍니다. 하나님 나라는 점차 회복해 가고 있습니다. 계속해서 하나님의 구속 역사가 어떻게 진행되는지 함께 살펴봅시다.

생각해 볼 문제

1. 하나님의 백성, 여인의 후손으로 살아가는 것은 하나님과 관계를 맺는 것입니다. 그 관계 안에서 하나님의 백성은 어떻게 살아가야 할까요?

2. 하나님께서는 아브라함에게 이웃과 열방의 '복'이라고 선언 하십니다. 이웃과 열방에게 '복'이 되는 삶을 사는 것은 어떤 노력이 필요할까요?

3. 족장들의 이야기를 통해 약속에 신실하신 하나님을 만납니다. 내가 경험한 신실하신 하나님을 이야기해 봅시다.

제4장 구속의 과정 1. 백성 만들기

1. 두 계보

- 이름이 비슷한 ____과 __의 계보

- 이 둘은 질적으로 다른 자손임

- 이는 창 3:15의 __의 후손과 ____의 후손이 대립하는 모습을 보여 준다.

- 하나님은 인류가 범죄한 가운데도 하나님 백성의 ____를 유지하고 계신다.

2. 홍수 심판, 바벨탑, 그리고 하나님 백성의 보존

- 셋 이후로 보존된 하나님 백성의 계보는 뱀의 후손에 대해 ____을 갖고 살아야 한다.

- 하지만 ____의 아들들이 ____의 딸들과 혼인했다. 적개심을 버린 것이다.

- 그 결과 __ 심판을 초래한다.

- ____ 와 8명의 가족은 하나님 나라의 백성으로서 하나님을 __하며 살아야 한다.

- 그러나 인류는 하나님처럼 되려고 하는 ____ 사건을 저지른다. 이는 아담과 하와처럼 하나님 의존적 존재가 아닌 ____ 존재가 되려고 한 죄이다.

- 이 언약은 하나님 나라의 백성을 구원하시려는 하나님의 ____ 언약이다.

3. 아브라함을 부르심 - 하나님 나라의 백성으로서 ____을 준비

- 하나님은 하나님 나라 ____을 새롭게 형성하시려고 아브라함을 부르셨다.

- 하나님은 이제 ____을 기점으로 ____ 민족을 언약 백성으로 삼으시고 온 열방을 구속하시는 일을 진행하실 것이다.

내용	의미
가나안 땅 약속 ____(후손) 복(복의 근원)	열방을 향한 ____ 축복의 통로

아브라함에게 주신 언약

4. 족장들의 이야기

• 하나님께서 아브라함에게 주신 ＿＿을 지키시는가에 대한 대답

• 특히 창 12장부터 출애굽기 초반까지는 ＿＿에 대한 약속이 과연 이루어지는지에 대

한 내용이다. 즉 하나님 나라 ＿＿이 잘 준비되는가를 보여 준다.

제5장

구속의 과정 2. 땅을 얻다 출애굽기 - 여호수아

하나님께서는 하나님 나라 백성을 준비하시려고 아브라함을 택하셨습니다. 후손, 땅, 복을 약속하시고 이제부터는 아브라함과 그의 후손을 백성으로 삼아 하나님 나라를 이루어 가실 의지를 나타내셨습니다. 하나님이 얼마나 이 약속에 신실하신지는 족장들의 삶을 통해 증명되었습니다. 아브라함의 후손(이스라엘)은 약속대로 큰 민족이 되고, 하나님 나라의 백성으로 인준하는 언약을 맺습니다. 또 다른 약속인 땅 역시 신실하신 하나님의 역사 가운데 주어질 것입니다. 이스라엘 민족과 하나님 사이의 언약 체결 및 약속의 땅으로 인도하시는 장면을 살펴봅시다.

1. 모세와 이스라엘의 구출(출애굽기)

하나님은 자신의 구속 역사를 위해 아브라함에게 세 가지 약속을 주셨습니다. 그 중 첫번째 약속인 큰 민족을 이루겠다는 약속은 여러 가지 난관에 봉착했지만(예. 사라와 리브가가 아이를 낳지 못함, 야곱의 도망 등), 신실하신 하나님께서 여전히 일하셨습니다. 특별히 요셉을 통해 이스라엘 자손을 애굽 땅에 정착하게 하신 하나님은 비옥하고 안전한 그곳에서 큰 민족이 되도록 역사하셨습니다. 족장 시대를 마감하고 출애굽기를 여는 순간 우리는 "이스라엘 자손은 생육하고 불어나 번성하고 매우 강하여 온 땅에 가득하게 되었더라"(출 1:7)라는 말씀을 통해 진실로 후손에 대한 약속이 성취되었음을 볼 수 있습니다.

그러나 이스라엘은 애굽의 압제 가운데 신음하고 있었습니다. 노역과 산아 제한으로 말할 수 없는 탄식의 날들을 겪어야만 했습니다. 결국 이스라엘 민족의 탄식이 하나님께 상달되었고, 이스라엘의 신음을 들으신 하나님은 조상 아브라함과 세우신 언약을 기억하셨습니다(출 2:24). 하나님의 약속은 단순히 큰 민족을 이루는 것으로 끝이 아닙니다. 아브라함의 후손을 하나님의 의와 공도를 행할 백성으로 삼고, 약속의 땅으로 인도하여 하나님의 나라를 가시적으로 세우시는 다음 약속이 남아있습니다. 이를 위해 하나님은 이스라엘을 구출해 약속의 땅으로 인도할 한 인물을 세우십니다. 그는 애굽의 가혹한 산아 제한에도 놀라운 섭리 가운데 목숨을 보전한 모세입니다. 하나님은 물에서 건짐을 받은(모세의 뜻) 이 사람을 통해서 자기 백성을 구원하려 하십니다.

a. 여호와 하나님

이스라엘 민족을 구출하기 전 하나님은 먼저 모세를 부르셔서 대면하셨습니다. 불이 붙었으나 타지 않는 떨기나무 가운데서 하나님은 자신이 누구인지 모세에게 계시하셨습니다. 그 이름이 여호와(혹은 야훼, יהוה, YHWH)입니다. 이전에 조상에게는 알리신 적이 없는(출 6:3) 이 이름은 이스라엘의 구속을 앞두고 새롭게 알리신 이름입니다. 하나님은 이름의 뜻을 '스스로 있는 자'라고 하셨습니다(출 3:14). 그래서 얼핏 여호와를 스스로 존재하시는 하나님으로만 이해하기 쉽습니다. 물론 하나님은 영원 전부터 스스로 계신 분이시지만 여기서 여호와는 그런 하나님의 성품만을 의미하지 않습니다. 오히려 하나님께서 하시려는 일과 관련이 있습니다. '나는 스스로 있는 자'라는 번역보다 '나는 (그런) 존재일 것이다'(I will be who I am)가 조금 더 나은 번역입니다. 이는 '앞으로 있을 역사 속에서도 내가 있을 것이다'라는 역동적인 의미로 이해할 수 있습니다. 즉 단순히 스스로 계신 분임을 알리는 이름이 아니라 앞으로 일어날 역사 속에서 행동하시겠다는 말씀입니다. 그렇다면 앞으로 행하실 하나님의 역사는 무엇일까요? 바로 이스라엘의 구원입니다. 따라서 여호와라는 이름은 하나님의 구원 역사와 관련된 이름입니다. 또한 출애굽기 3장 15-16절은 여호와를 '아브라함의 하나님, 이삭의 하나님, 야곱의 하나님'으로 묘사합니다. 결국 '여호와'라는 이름은 과거 조상들에게 약속하신 언약과 관련이 있습니다.

이 내용들을 종합해 보면, 여호와는 '과거 조상들에게 언약(약속)하신 구원을 기억하시고 앞으로 그렇게 행하실 하나님'이라는 의미를 나타내는 이름입니다. 약속대로 찾아오셔서 약속대로 이루시는 하나님, 그것이 여호와라는 이름의 의미입니다. 앞으로 펼쳐질 하나님의 구원 역사는 여호와이신 하나님께서 약속대로 행하심으로 성취하실 것을 알 수 있습니다.

b. 10가지 재앙

여호와로 자신을 알리신 하나님은 10가지 재앙을 통해 애굽의 신들과 전쟁을 하셨고 애굽과 온 이스라엘에게 참 신은 오직 여호와 한 분뿐임을 선포하셨습니다. 430년간 애굽에서 종살이를 하면서 이스라엘은 조상들에게 찾아오셨던 언약의 하나님을 점점 기억하지 못했을 것입니다. 이에 하나님은 자신이 바로 이스라엘의 조상들과 언약하셨고, 또 약속대로 구원하실 하나님이라는 사실과, 상천하지에 여호와 하나님만이 참 신이심을 만방에 알리셨습니다(출 9:16).

결국 바로는 백기를 들고 이스라엘 자손들을 내보냅니다. 이스라엘은 이런 하나님의 구원 역사를 기억하며 매년 유월절(Passover)을 지켜야 했습니다(출 12장). 애굽의 처음 난 모든 것, 심지어 바로의 아들도 죽이시는 가운데 어린양의 피를 바른 이스라엘의 집은 넘어가신(pass over) 그 구원의 날을 기억하라는 의미였습니다. 그들은 하나님의 구원 역사를 기념하고 마음에 새기려고 유월절에 어린양과 무교병을 먹었습니다. 오늘 우리가 하나님의 구원 역사를 기념하려고 주 예수님의 몸, 곧 떡을 먹는 것은 유월절의 의미를 담고 지금까지 이어지고 있는 성례입니다.

c. 시내산 언약 - 하나님 나라의 백성 공식 인준

10가지 재앙과 홍해 사건을 지나 시내산에 이른 이스라엘은 하나님과 언약을 체결합니다(출 19-24장). 하나님 나라의 회복은 언약 관계의 회복에서 이루어진다고 말했습니다. 언약 관계란 친밀한 관계로 이해하면 거의 맞습니다. 마치 신랑과 신부처럼, 혹은 아버지와 자녀처럼 가깝고 친밀하여, 떼려야 뗄 수 없는 관계입니다. 하나님은 이스라엘과 언약을 맺으십니다. 시내산에 **빽빽**한 구름으로 임재하신 하나님은 모세와 이스라엘의 대표들을 대면하여 언약을 체결합니다. 피 뿌림을 통해 맺어진 이 언약으로 드디어 하나님은 이스라엘의 하나님이 되시고 이스라엘은 하나님의 백성이 됩니다(참고. 출 6:7; 레 26:12; 신29:13; 삼하 7:24; 렘31:33)!! 하나님은 독수리가 새끼를 업어 인도하는 것처럼 이스라엘을 인도하셔서(출 19:4) 언약 관계를 회복하시며, 자신의 소유(보물)가 되게 하십니다. 이로써 이스라엘을 하나님 나라의 백성으로 만드시려는 하나님의 구속 계획이 성취됩니다. 이스라엘은 약속에 신실하신 여호와 하나님으로 말미암아 하나님 나라의 백성이 됩니다!

d. 백성을 향한 기대

아브라함을 부르신 하나님의 목적이 그를 통해 열방에 복을 주시는 것이었다는 점을 기억하실 것입니다(창 12:3). 언약을 맺어 공식적인 하나님 나라의 백성이 된 이스라엘 역시 동일한 기대를 하나님으로부터 받습니다.

"너희가 내게 대하여 제사장 나라가 되며 거룩한 백성이 되리라" (출 19:6)

이스라엘은 하나님 나라의 백성으로 선택받았습니다. 이는 모든 열방을 위한 하나

60

님의 방법임을 기억해야 합니다. 하나님은 단순히 한 개인이나 민족만 복을 주기를 원하지 않습니다. 하나님의 관심은 하나님 나라의 회복입니다. 모든 민족과 열방이 구속, 곧 하나님 나라 회복을 누리기를 원하십니다. 하나님은 그 일을 위해 아브라함과 언약을 맺으셨고, 그의 후손인 이스라엘 민족과 언약을 체결하셨습니다. 이스라엘은 제사장 나라입니다. 그들은 거룩하게 구별된 나라입니다. 거룩한 제사장 나라인 이스라엘을 통해 온 열방은 하나님께 나아올 수 있습니다. 하나님의 주권 아래서 하나님의 말씀을 순종하는 거룩한 이스라엘의 삶은 많은 이방을 하나님께 인도할 것입니다(창12:3; 18:19; 22:18; 행 3:25; 갈 3:8). 마치 예수님께서 너희 착한 행실을 보고 사람들이 하나님께 영광을 돌리게 하라고 명하신 것과 같습니다(마 5:16).

이스라엘(하나님 나라의 백성)의 거룩하고 구별된 삶을 통해 아브라함에게 주신 '복의 근원이 되리라'는 약속이 이루어 질 것입니다. 이스라엘은 온 세상을 향해 전시된 모델 하우스입니다. 열방은 이스라엘의 삶을 통해 하나님 나라가 어떤 곳인지 가늠할 것입니다. 이를 위해 하나님은 제사장 나라의 삶이라는 기준을 가르쳐 주셨습니다. 그것은 바로 **십계명과 율법**입니다. 출애굽기와 레위기, 민수기 및 신명기에 등장하는 여러 율법의 조항들은 이스라엘이 거룩한 나라로 살기 위한 세밀한 지침들입니다. 이스라엘이 율법에 순종하는 삶을 통해 열방은 하나님께 나올 것입니다. 그들은 **약속하신 땅**에서 제사장 나라답게 살며 하나님 나라를 일구어야 할 의무가 있습니다. 과연 이스라엘은 이 과업을 성취할 수 있을까요? 이스라엘의 형편을 살피기 전에 먼저 약속하신 땅으로의 여정을 살펴봅시다.

2. 드디어 땅을 향해

후손에 관한 약속(큰 민족, 창 12:2)을 이루신 하나님은 또 다른 약속, 곧 '땅을 주마' 하신 약속(창 12:1; 17:8)을 이루어 가십니다. 모세를 통해 이스라엘을 출애굽시킨 것은 단순히 하나님 백성으로만 삼기 위해서가 아닙니다. 조상들에게 약속하신 대로 가나안 땅을 주시기 위한 목적도 있습니다. 출애굽 순간부터 땅에 관한 약속을 성취하는 여정이 시작되었습니다. 애굽의 장자가 죽고 홍해가 갈라지며 시내산에서 언약을 맺는 사건과 주신 설계도를 따라 성막을 짓는 모든 일들이 궁극적으로 약속의 땅인 가나안에 들어가는 과정입니다. 이스라엘은 자신들을 큰 민족으로 만드시고 언약 백성으로 삼으신 과정을 보면서 확신하게 됩니다. 하나님은 약속에 신실하신 여호와이시구나! 그분을 따라가면 약속의 땅도 얻겠구나!!

a. 가데스 바네아에서의 불순종(민수기)

민수기(Numbers)는 제목처럼 이스라엘 백성을 세는 장면으로 시작합니다. 성인 남성의 수만 603,550명입니다(민 2:32). 하나님께서 아브라함에게 주신 후손에 관한 약속이 이루어졌음을 다시 한번 확인 할 수 있습니다. 이렇게 인구 조사를 하고 진영을 갖춘 이스라엘은 자신만만하게 약속의 땅으로 진군합니다. 하지만 얼마 가지 못하고 난관에 부딪힙니다. 민수기 11장에서 어떤 이유에선지 이스라엘은 불평했고, 불심판을 당합니다(민 11:1-3). 뿐만 아니라 만나를 문제 삼으며 고기를 요구하는 뻔뻔함도 보입니다(민 11:6). 과연 이들이 제사장 나라와 거룩한 백성답게 하나님 말씀에 잘 순종할 수 있을지, 그들을 통해 온 열방이 구속되는 복을 얻을 수 있을지 벌써 의아해지는 대목입니다. 이런 그들의 불순종은 약속의 땅인 가나안을 정탐하는 과정에서 절정에 이릅니다. 정탐꾼 12명 중에 여호수아와 갈렙을 제외한 10명이 부정적인 결론을 내렸습니다(민 13:31-33). 그들은 하나님께서 조상들에게 그 땅을 약속하셨다는 사실을 알고 있었습니다. 출애굽 여정에서 하나님이 약속대로 행하시는 분이라는 사실도 경험했습니다. 그럼에도 불구하고 그들은 눈에 보이는 가나안 족속의 거대함에 하나님의 약속을 믿지 않고, 그 땅을 차지할 수 없을 것이라며 보고 했습니다. 문제는 이 보고로 백성 전체가 10명의 말을 믿었다는 점입니다. 그들은 밤새 통곡하며 하나님과 모세를 원망했습니다(민 14:1-3). 급기야 애굽으로 돌아가자고 말합니다(민 14:4). 심한 노역으로 압제에 시달리던 땅, 갓 태어난 아들들이 나일 강에 던져진 죽음의 땅으로 말입니다. 그 결과 이스라엘은 약속의 땅을 차지하는 대신 믿음이 없는 첫 세대가 모두 죽을 때까지 40년을 광야에서 방황합니다(민 14:33~34). 약속대로 많은 후손을 주시고 큰 민족을 이루신 하나님께서 약속대로 땅을 차지하게 하실 것을 믿지 못한 그들에게 내려진 벌이었습니다.

b. 약속하신 땅 경계에서(신명기)

불신앙 때문에 출애굽 1세대는 광야에서 모두 죽었습니다. 믿음이 없이는 약속의 땅에 들어갈 수 없었습니다. 길고도 고생스러웠던 광야 40년이 지나고 출애굽 2세대가 드디어 약속하신 땅의 경계에 다시 섰습니다(민 26:3). 이스라엘은 다시 인구 조사를 해 보니 601,730명이었습니다(민 26:51). 40년 전과 거의 차이가 없습니다. 비록 광야 길을 방황하는 벌을 받았지만, 이스라엘의 인구는 전혀 줄지 않습니다. 하나님은 진노 중에도 긍휼을 베푸시고 백성을 보존하시면서 하나님 나라를 회복해 가는 구속 역사를 진행하셨습니다.

특별히 하나님은 이 경계에서 모세를 통해 이스라엘이 다시 한번 하나님의 율법을 듣게 합니다. 모세의 유언으로도 불리는 신명기(申命記, Deuteronomy)는 '두 번째 율법'이란 뜻입니다. 하나님은 이제 가나안에 들어가게 될 이스라엘에게 다시 율법을 상기시키십니다. 하나님 나라의 백성이 들어갈 그 땅(가나안)은 우상 숭배와 음란으로 물든 땅입니다. 어쩌면 광야보다 불순종하고 우상 숭배하기에 더 좋은 땅이 가나안입니다. 그런 곳에서 이스라엘은 제사장 나라와 거룩한 백성으로 구별된 삶을 살아야 합니다. 그래야 하나님 나라를 이룰 수 있기 때문입니다. 다시 한 번 율법을 상기시킨 이유가 여기 있습니다.

3. 여호수아와 약속하신 땅의 정복(여호수아)

a. 1세대와 다른 2세대

유언과도 같은 모세의 설교 후 여호수아가 지도자가 됩니다. 하나님은 모세 때처럼 여호수아에게도 나타나 약속을 주시며 그에게 용기를 북돋아 주셨습니다. 모세와 함께 하셨던 하나님께서 여호수아와도 함께 하시며 그를 인도하겠다고 약속 하십니다(수 1:1-5). 여호수아는 의심 없이 가나안으로 진격할 채비를 갖추도록 명령합니다. 모세때처럼 정탐꾼도 보냈지만, 과거 1세대와는 정반대의 보고를 듣습니다. "그 땅의 모든 주민이 우리 앞에서 간담이 녹더이다"(수 2:24).

한 가지 특이한 점은 가나안 땅을 정복하기에 앞서 마치 출애굽 1세대처럼 2세대도 기적적으로 요단강을 건넜다는 점입니다(수 3장). 이것은 10가지 재앙과 홍해를 건넌 사건 등 백성을 위해 행하신 하나님의 위대한 구원 역사를 직접 경험하지 못한 2세대를 위한 조치로 보입니다. 하나님께서 이렇게 하신 이유는 과거와 마찬가지로 지금도 백성들과 함께 하시며, 그들을 위해 역사하고 계심을 가르쳐 주기 위해서입니다. 그렇게 하나님과 함께 이스라엘은 약속의 땅을 얻기 위해 나아갔고, 많은 전투를 치릅니다.

b. 가나안 정복 과정

가나안을 정복하는 과정은 하나같이 기적의 연속입니다. 맨 먼저 요단강을 건너는 것부터 시작하여 당대 최고의 성이었던 여리고를 전투 한 번 없이 한 번의 함성만으로 무너뜨리고 점령한 일, 쉽게 승리할 줄 알았던 아이성 전투에서의 대패 등은 약속의 땅은 전적인 하나님의 역사로만 얻을 수 있다는 교훈을 줍니다. 가나안 정복은 하나님의 전쟁입니다.

c. 가나안 정복과 언약

승승장구한 이스라엘은 결국 가나안을 정복합니다. "하나님 여호와께서 이스라엘을 위하여 싸우셨으므로 여호수아가 이 모든 왕들과 그들의 땅을 단번에 빼앗으니라"(수 10:42). 이스라엘은 오직 하나님의 은혜로 약속의 땅을 정복하고, 땅을 지파별로 분배받습니다(수 13-19장). 정복하여 정착한 이스라엘의 모습을 보면서 우리는 하나님이 아브라함에게 주신 **땅에 관한 약속**을 드디어 이루셨음을 알 수 있습니다(수 21:43-45).

이렇게 약속의 땅을 얻은 이스라엘은 여호수아를 대표로 세겜에서 다시 한번 언약을 체결합니다. 여호수아는 하나님께서 이 땅을 이스라엘에게 선물로 주셨으니 이제부터 여호와만 섬기도록 간곡히 권합니다. 이에 백성들은 절대로 여호와를 버리지 않겠다고 맹세합니다(수 24장). 표면적으로는 여호수아와 백성 사이에 약속하는 것 같은 세겜의 언약은 사실 하나님과 이스라엘 사이의 약속입니다. 자신들을 구원하신 하나님의 은혜를 기억하며 하나님 나라의 백성답게 하나님의 통치만 받으며 살겠다며 언약 관계를 갱신했습니다. 이로써 이스라엘은 다시 한번 하나님 나라의 백성으로서 그 본분을 상기했고, 이제 하나님께서 주신 땅에서 계명에 순종하며 제사장 나라의 역할을 감당하는 일만 남았습니다.

나오면서

드디어 이스라엘을 통한 하나님의 구원 역사가 성취되는 것처럼 보입니다. 하나님 나라를 회복하시려고 하나님이 친히 백성을 준비하시고 땅을 주셨습니다. 이제 그곳에서 왕이신 하나님의 통치 아래 열방을 위해 제사장 나라의 역할을 감당하는 일만 남았습니다. 과연 하나님 나라는 이스라엘을 통해 약속의 땅에서 회복될 수 있을까요? 이스라엘은 열방을 향한 선교사로서 복의 근원이요, 제사장 나라가 될 수 있을까요?

생각해 볼 문제

1. 언약 관계는 하나님과 친밀한 관계입니다. 이 관계가 회복된 우리를 향한 하나님의 기대는 무엇일까요?

2. 우리의 하나님 사랑(예배), 이웃 사랑(섬김)은 어떠한 모습인가요? 하나님의 언약 백성다운 모습일까요?

3. 우리는 하나님의 능력으로 살아가는 하나님의 백성입니다. 승리는 하나님의 힘만으로 가능합니다. 내가 하나님의 힘으로 정복해야 할 곳은 어디일까요?

제5장 구속의 과정 2. 땅을 얻다

1. 모세와 이스라엘의 구출

아브라함에게 주신 약속(창 12:1-3)
큰 ___
가나안 땅
___이 되리라

• 애굽의 압제 아래 있는 하나님의 백성을 약속의 땅으로 인도할 사람은 ____다.

a. 여호와 하나님

• 하나님은 모세를 불러 자신의 이름을 ____ 라고 알리셨다(출 3:15).

• 그 이름의 뜻은 '___ 있는 자' 이다(출 3:14).

• 그 이름은 조상들에게 ____하신 구원을 기억하시고 그대로 이루실 하나님을 나타낸다.

• 여호와는 ___대로 찾아오셔서 ___대로 이루시는 하나님이시다.

b. 10가지 재앙

• 애굽의 __과 전쟁하심

• 10가지 재앙을 통해 하늘과 땅에 ____만이 참 신임을 알리셨다(출 9:16).

• ____은 애굽으로부터의 구원 역사를 기념하는 절기이다. 그날 떡(무교병)과 어린 양을 먹었다.

c. 시내산 언약

• 10가지 재앙과 홍해 사건을 경험한 이스라엘은 ____에서 하나님과 __ 을 체결한다.

• 하나님 나라의 회복은 언제나 _____의 회복에서 이루어진다.

• 이 언약에는 피 뿌림이 있었다.

• 언약을 통해 하나님은 _____의 하나님이 되시고 _____은 하나님의 백성이 되었다 (출 6:7, 참고. 레 26:12; 신29:13; 삼하 7:24; 렘 31:33)

• 약속에 신실하신 하나님 때문에 ____은 하나님 나라의 백성이 되었다.

d. 백성을 향한 기대

• 제사장 나라인 이스라엘에게 주신 삶의 지침은 _____ 과 _____ 이다.

아브라함	이스라엘	교회
열방이 아브라함을 통해 복을얻는 것 (창 12:3)	_____ 나라가 되며 _____ 백성이 되어 열방을 하나님께 인도하는 것 (출 19:6)	착한 행실을 보여 사람들이 하나님께 _____을 돌리는 것 (마 5:16)

하나님의 기대

2. 하나님 나라의 땅을 향하여

• 유월절, 홍해, 시내산 언약, 성막 건축 등은 이스라엘이 _____ 땅에 들어가는 여정에서 일어난 일들이다.

• 약속에 신실하신 하나님은 후손에 대한 약속을 이루셨다. 약속을 주신 신실하신 하나님을 의지할때만 땅을 얻는 일도 이루어질 수 있다.

a. 가데스 바네아에서의 불순종

• 하나님은 약속대로 큰 민족이 되게 하셨지만(민 2:32. 장정만 603,550명) 이스라엘은 ___하기 시작했다(고기, 물 등).

• 가나안 입성을 앞두고 정탐하던 가데스바네아에서 신앙이 없는 보고를 하고 만다.

• 그들은 하나님의 ___을 알고 출애굽 여정에서 하나님은 약속에 ___하다는 사실을 경험했다.

• 그러나 눈에 보이는 문제 앞에서 그들은 하나님과 모세를 ___하고 죽음과 사망이 다스리던 애굽으로 돌아가자고 불평한다.

• 불신앙의 결과로 믿음이 없는 1세대가 다 ___때 까지 ___년을 광야에서 방황하게 되었다.

b. 약속하신 땅 경계에서

• 불신앙으로 1세대는 다 죽었다. ___이 없이는 하나님 나라에 들어가지 못한다.

제5장 구속의 과정 2. 땅을 얻다

• 출애굽 2세대의 수는 장정만 601,730명으로 1세대와 거의 차이가 없다. 하나님께서 광야 40년의 ___ 중에도 ___ 을 베푸셨으며, 하나님 나라를 회복하는 구속 역사를 진행해 오셨음을 알 수 있다.

• 모세를 통해 다시 율법을 들려주셨는데 그것이 ____이다. '두 번째 율법'이라는 뜻이다. 2세대는 하나님의 십계명과 율법을 듣고 지켜서 제사장 나라가 되어야 한다.

3. 여호수아와 약속하신 땅의 정복

a. 1세대와 다른 2세대

• 모세의 후계자는 _____ 이다.

• 하나님은 여호수아에게도 함께 하시며 인도하겠다고 약속하신다(수 1:1-5).

• 여호수아의 인도 아래 2세대도 1세대처럼 ___을 기적적으로 건넜다.

• 홍해를 건널 때처럼 하나님은 지금도 그들과 함께 하신다.

b. 가나안 정복 과정

• 가나안 정복은 모두 ___ 연속이다. 요단강, 여리고 전투 등

• 스스로 올라갔던 아이성은 패배했다. 약속의 땅은 전적인 ____의 역사로만 얻을 수 있다.

c. 가나안 정복과 언약

• 이스라엘은 오직 ___로 약속의 땅을 정복하고 분배 받았다(수 13-19장)

• ___에서 여호수아와 백성은 하나님과 언약을 체결한다. 이제부터 여호와만 섬기고 버리지 않겠다고 언약했다(수 24장). 하나님 나라의 백성답게 하나님의 통치만 받으며 사는 언약___를 맺었다.

• 이제 이스라엘은 주신 땅에서 하나님 나라의 백성 답게 십계명과 율법에 순종하며 ___나라 역할을 감당하는 일만 남았다.

구속의 과정 3. 회복 실패? 사사기 - 룻기

하나님의 전쟁을 통해 이스라엘은 약속의 땅을 얻었습니다. 이제 그곳에서 하나님의 뜻을 따라 거룩한 제사장으로 모든 민족에게 복을 전하는 선교사로 살기만 하면 됩니다. 거룩한 나라답게 계명과 율법을 지키면, 하나님 나라는 온전히 그 땅에 이뤄지고 열방은 아브라함에게 약속한 하나님의 복을 받을 것입니다. 다시 한번 말씀드리지만 제사장 나라인 이스라엘을 통한 하나님 나라의 회복, 열방의 구원이 하나님의 구속 계획입니다. 그러나 정작 약속의 땅에 정착한 이스라엘은 기대와 달리 타락의 길을 걷기 시작합니다. 사사기에는 하나님 나라 백성이 실패한 이야기로 가득합니다. 그럼에도 불구하고 구속 역사를 이어 가시는 하나님의 신실하심을 룻기에서도 볼 수 있습니다.

1. 약속의 땅에 정착한 하나님의 백성(사사기)

약속에 신실하신 하나님의 은혜로 큰 민족을 이룬 이스라엘은 마찬가지로 약속에 신실하신 하나님 때문에 땅을 얻습니다. 비록 이스라엘이 큰 민족을 이루긴 했지만 그들은 강력한 이방 나라들에 비하면 아무것도 아닙니다. 신명기 7장 7절 말씀처럼 그들은 오히려 모든 민족 중에 가장 작습니다. 그럼에도 불구하고 이스라엘이 하나님의 백성이 되고 약속의 땅을 얻을 수 있었던 것은 전적인 하나님의 은혜입니다. 조상들에게 약속하시고 그 약속대로 찾아오셔서 약속을 지키시는 신실한 하나님 때문에 가능한 일입니다. 진실로 하나님 나라는 언약에 신실하신 하나님의 은혜로만 얻을 수 있습니다.

a. 백성들을 향한 하나님의 요구

여호수아서 마지막에 여호수아의 유언이 있습니다. 하나님께서 행하신 구속의 역사를 직접 눈으로 보고 경험한 이스라엘 백성들에게 우상을 숭배하지 말고 오직 여호와 하나님만을 섬기며 살라고 유언했습니다. 그는 백성들에게 여호와의 말씀만 순종하라고 간곡히 권면했습니다(수 23-24장). 이는 단순히 여호수아 혼자만의 바람이 아닙니다. 그의 입을 통해 내리신 하나님의 명령입니다. 하나님은 자기 백성 **이스라엘**(국민)이 **약속의 땅**(영토)에서 **하나님의 통치**(주권)에 잘 순종하며 하나님 나라를 회복하기를 기대하십니다. 이 기대에 부응하는 일은 매우 중요합니다. 왜냐하면 이스라엘은 제사장 나라이자 열방의 구속을 위한 첫 열매이기 때문입니다. 제사장 나라(출 19:6)인 이스라엘이 성공하면 온 세계가 하나님 나라를 누릴 수 있습니다.

이스라엘이 제사장 나라의 역할을 감당하기 위해서는 거룩한 백성이 되어야 합니다. 이방 나라와 구별되어 거룩할 때, 비로소 이스라엘은 열방에게 복을 전할 수 있습니다. 하나님이 명하신 대로 살 때 구별되고 거룩합니다. 하나님의 명령은 바로 십계명과 율법입니다. 시내산, 그리고 약속하신 땅의 경계에서 여호수아의 유언을 통해 하나님은 다시 계명에 순종하는 삶을 강조하십니다. 몇 번이나 반복하여 말씀하실 정도로 계명을 따라 사는 삶은 하나님 나라의 백성에게 중요한 의무입니다.

b. 어긋난 기대

기대가 크면 실망도 크다고 합니다. 막중한 책임을 맡은 이스라엘은 그 책임에 충실하지 못했습니다. 사사기를 보면 이스라엘이 과연 하나님의 백성이 맞는지 의구심이 들기에 충분합니다.

하나님은 약속의 땅을 정복하라고 명령하셨습니다. 그것은 바로 **가나안 족속의 멸망**입니다. 그들에게 불쌍한 마음을 가져서도 안 됩니다. 왜냐하면 그들이 약속의 땅에 남아 있으면 이스라엘에게 올무가 될 것이 뻔하기 때문입니다(출 23:33; 민 33:55; 신7:16; 수 23:13). 그러나 사사기를 열자마자 우리는 약속의 땅에서 쫓아내지 못한 가나안 족속들을 봅니다(삿 1:27-36). 이들이 남아 있는 것이 왜 문제일까요? 아이와 여자까지 완전히 멸망시키는 것은 너무 잔인하지 않습니까? 그러나 우리가 간과하는 한 가지 사실은 악의 영향력입니다. 하나님을 알지 못하고 바알(Baal)과 온갖 다른 신들을 섬기는 그들의 영향력은 폭풍처럼 강력합니다. 가나안 거민에게 베푼 인류애가 이스라엘을 우상에게 인도하며 영원한 멸망에 밀어 넣을 수 있습니다. 가나안 족속의 멸망은 선택이 아니라 필수입니다.

그러나 약속의 땅에 정착한 그들의 삶을 들여다보기 위해 사사기를 열자마자 우리는 남아 있는 가나안 족속을 봅니다. 그 결과 사사기 2장부터 이스라엘의 본격적인 타락이 그땅에 나타납니다. "이스라엘 자손이 여호와의 목전에 악을 행하여 바알들을 섬기며"(삿 2:11)라고 고발합니다. 이스라엘은 신실하게 큰 민족을 이루고 땅을 주신 하나님과 대조적으로, 철저하게 불성실한 태도로 땅에서의 삶을 시작합니다. 하나님 나라 건설에 중대한 위기가 찾아 왔습니다.

c. 반역(Rebellion), 보응(Retribution), 회개(Repentance), 구원(Redemption)

- 4R의 악순환

가나안 족속을 남겨둔 일은 이스라엘을 반역하는 백성으로 전락시킨 결정적인 원인이 됩니다. 이스라엘은 가나안 신들을 섬겼고 그 풍습을 따라 음란하게 살았습니다. 이러한 반역(rebellion)은 하나님의 진노로 심판에 이릅니다. 하나님은 주변 이방 나라를 통해 이스라엘에게 보응(retribution)하십니다. 메소보다미아(삿 3:8), 모압(3:12), 가나안 왕(4:2), 미디안(6:1), 블레셋(10:7) 등은 이스라엘을 노략한 단골들입니다. 이런 하나님의 심판이 있을 때 그때서야 이스라엘은 회개(repentance) 합니다. 고난은 괴롭지만 백성으로 하여금 왕이신 하나님을 찾게 만드는 묘수입니다. 이렇게 회개하며 부르짖을 때, 하나님은 자비를 베푸셔서 사사(judges)를 세우시고 이스라엘을 구원하십니다. 그러나 머지않아 다시 반역을 합니다. 이와 같이 "반역-보응-회개-구원"이 사사기의 순환입니다. 사사기는 비극적인 순환의 반복으로 점철되어 있습니다.

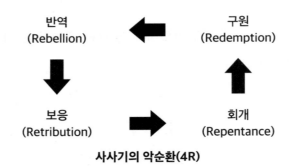

사사기의 악순환(4R)

d. 구별되지 않는 백성

하나님께서 이스라엘에게 거신 기대는 제사장 나라, 거룩한 백성입니다. 율법을 지키는 거룩한 삶이 그들이 구별된 민족임을 증명할 것입니다. 그러나 정작 사사기의 이스라엘 백성은 이방 민족의 삶과 구별되지 않습니다. 사사 기드온은 첩이 많아 자손이 70명이나 있었고, 그들은 다음 사사인 아비멜렉에게 죽임을 당했습니다(삿 8:30 - 9장). 또 다른 사사 입다는 자기 딸을 제물로, 즉 사람을 제물로 드리기로 맹세했으며(삿11장), 미가는 개인적으로 산당과 제사장을 세웠습니다(삿 17장). 뿐만 아니라 여호와의 집을 섬기는 어떤 레위인에게는 첩이 있었으며(삿 19:1), 심지어 죽은 첩의 시체를 토막 내고 각 지파에게 보내 지파 사이에 전쟁을 일으켰습니다. 그 결과 베냐민 족속은 거의 멸망 직전까지 갔습니다(20장). 사사 삼손은 이스라엘의 축소판이나 다름없습니다. 나실인, 곧 구별된 자였던 그는 블레셋 여자와 결혼하고 창녀들을 즐겼습니다. 그에게는 누구와도 견줄 수 없는 힘이 있었지만, 결국 눈이 뽑힌 채블레셋의 궁전에서 죽음을 맞이했습니다. 삼손의 슬픈 운명이 마치 이스라엘의 모습을 대변하는 듯 합니다. 열방에 거룩한 백성이 되어야 하지만, 하나님이 아닌 가나안의 신들을 사랑하고 음란을 일삼은 어리석은 자가 되었습니다. 이것이 사사 시대 이스라엘의 현실이었습니다.

e. 왕이 없는 백성

이스라엘이 약속의 땅에서 전혀 구별되지 못한 삶을 살게 된 이유는 무엇일까요? 사사기는 왕이 없었기 때문이라고 말합니다(삿 17:6; 18:1; 19:1; 21:25). 하나님의 백성에게 왜 왕이 없습니까? 그들의 왕은 하나님입니다. 이스라엘이 가나안을 차지할 수 있었던 것은 강한 왕이신 하나님께서 싸우셨기 때문입니다(10가지 재앙, 가나안 정복 전쟁 등). 강한 손과 편 팔로 자기 백성을 인도하신 왕이신 하나님(신 4:34)은 약속의 땅에서 백성을 다스리시며 하나님의 나라를 세우기 원하셨습니다. 하나님의 계획과 달리 이스라엘 백성은 하나님을 왕으로 모시기를 거부했습니다. 하나님을 자신들의 유일하고 참된 왕으로 섬기기 싫어했습니다. 오히려 자기 소견에 옳은 대로 바알을 섬기고 음행했습니다(삿 21:25). 여기서 우리는 죄의 끈질긴 추격을 볼 수 있습니다. 타락으로 하나님 나라가 훼손될 때 아담은 어떻게 했습니까? 자기 소견대로 했습니다. 바벨탑을 쌓던 사람들은 어떻게 했습니까? 자기 소견에 옳은 대로 탑을 쌓았습니다. 광야를 지나던 백성들도 마치 자기들을 인도하는 왕이 어디에도 없는 것처럼 두려워하고 불평했습니다. 그리고 약속의 땅에 들어와 하나님 나라를 이루어야 할 중요한 자리에서도 이스라엘은 여전히 하나님을 왕으로 모시지 않으며 하나님의 말씀에 복종하지 않고 자율적인 존재가 되려고 몸부림치고 있습니다. "그 때에 이스라엘에 왕이 없으므로 사람이 각기 자기 소견에 옳은대로 행하였더라"(삿 21:25). 진정한 왕이 없는 백성의 곤고함을 잘 드러내는 평가입니다.

f. 구원의 하나님

그러나 하나님은 여전히 신실하게 구속 역사를 이어가십니다. 백성들이 죄에 빠져 허우적거렸지만, 하나님은 개의치 않고 회복시키십니다. 특별히 하나님께서는 '사사'를 보내십니다. 다시 반역해도 하나님은 사사(판관, 判官)를 세우시고 죄를 벌하시고 백성을 구원하십니다. 여자의 한 후손을 통해 구속을 언약하신(창 3:15) 하나님의 계획이 여기에 슬며시 녹아 있는 듯 합니다. 그러나 사사들은 여전히 연약한 사람들이었습니다. 첩을 두고 산당을 짓기도 했습니다. 완전한 구원자, '한 후손'은 아닙니다. 간헐적으로 세워진 사사들을 보면서 우리는 흠 없는 온전한 사사, 약속된 여자의 후손을 다시 한번 소망합니다.

그런데 왕이 없어서 망하는 이스라엘을 보며 자연스럽게 왕의 필요성이 대두됩니다. 불완전한 사사가 아니라 참된 왕이신 하나님을 대신해 백성을 의의 길로 인도할 왕의 필요성이 제기됩니다. 이런 필요에 따라 하나님은 결국 마지막 사사 사무엘을 통해 왕을 세우는 작업을 시작하십니다.

2. 언약을 기억하시는 신실하신 하나님 (룻기)

약속의 땅에서 이스라엘 백성의 삶은 어떠했습니까? 왕이 없어 자기 소견에 옳은 대로 행하는 반역한 삶이었습니다. 더 이상 이스라엘에 하나님 나라 회복에 대한 기대를 걸 수 없을 것만 같습니다. 하지만 하나님은 언약에 신실하십니다. 아브라함과 이삭과 야곱에게 하신 약속을 따라 이스라엘을 큰 민족으로 세우시고 약속의 땅으로 이끄신 분입니다. 왕이 없어서 방황하며 구속의 역사가 비극으로 끝날 것 같은 이 순간에도 하나님은 약속을 기억하시고 구속의 역사를 이루어 가십니다. 룻기는 이런 신실하신 하나님을 잘 보여 줍니다.

a. 뜬금없는 이야기?

룻기는 사실 좀 황당해 보이기도 합니다. '하나님의 구속 역사가 약속의 땅에서 잘 이루어질 것인가'를 살피는 중에 뜬금없이 나오는 이야기 같습니다. 시어머니와 며느리 사이의 이야기(나오미와 룻) 같기도 하고, 사랑 이야기(보아스와 룻) 같기도 합니다. 그러나 룻기는 맥락과 관계 없이 끼워 넣은 이야기가 아닙니다. 룻기의 두 주인공을 잘 살펴보면 이 책이 구속 역사를 연결하는 아주 중요한 내용을 담고 있음을 알 수 있습니다.

b. 룻과 보아스를 통해서 본 룻기의 구속사적 메시지

첫째, 믿음으로 얻는 하나님 나라

나오미의 며느리 룻은 모압 여자, 즉 이방 여인입니다(룻 1:1). 이스라엘 사람 나오미가 모압 여자를 며느리로 얻은 것은 사사기의 상황과 관계가 있습니다. 땅에 흉년이 들자 나오미 가족은 모압으로 이민을 갔습니다(룻 1:1-2). 약속의 땅을 너무 쉽게 버린 그들의 모습은 왕이 없어 소견에 옳은 대로 행하는 전형적인 모습입니다. 그런데 남편과 아들들이 모두 죽자 나오미는 고향 베들레헴으로 다시 돌아가려고 합니다. 이때 이방 여인 룻이 시어머니를 따라 약속의 땅으로 들어왔습니다. 이 과정에서 나오미는 룻에게 '따라 올 필요가 없다'라고 말하지만 룻은 다음과 같이 고백합니다. "어머니께서 머무시는 곳에서 나도 머물겠나이다 어머니의 백성이 나의 백성이 되고 어머니의 하나님이 나의 하나님이 되시리니 어머니께서 죽으시는 곳에서 나도 죽어 거기 묻힐 것이라..."(룻 1:16-17). 이미 다른 며느리 오르바는 자기 고향으로 갔습니다. 그러나 룻은 시어머니와 함께 하기로 맹세합니다. 이 맹세는 고부간의 아름다운 정이 아닙니다. 그것은 룻의 신앙 고백입니다. 룻은 약속의 땅에 머물 것이며, 하나님이 바로 나의 하나님이라고 고백하고 있습니다. 비록 이방 여인이지만 그녀는 살아 계신 하나님과 약속하신 땅과 백성에 대한 신뢰를 고백하고 있습니다. 사사 시대의 이스라엘과 달리 이 이방 여자에겐 하나님을 신뢰하는 믿음이 있었습니다. 약속의 땅에 뼈를 묻으려는 신념이 있었습니다. 바로 그 믿음으로 이방 여인 룻은 하나님의 백성이 되고 그 나라에 들어올 수 있었습니다.

둘째, 아브라함의 세 번째 약속에 대한 서광을 발견함

룻의 신앙 고백은 옛적 아브라함과 이스라엘 민족에게 주셨던 세 번째 언약, 곧 아브라함이 복이 되고 만민이 이스라엘을 통해 복을 얻을 것이라는 언약이 성취되고 있음을 보여줍니다. 지금까지 하나님은 후손과 땅에 대한 약속을 잘 이루어오셨습니다. 하지만 세 번째 약속은 이스라엘 백성의 연약함으로 위기에 처해 있습니다. 이런 상황에서 하나님은 하나님 나라의 회복, 열방의 구속을 이스라엘에게만 맡기고 방관하시지 않고 친히 이방 여인을 부르심으로써 그 언약을 직접 이루어 가십니다. 이스라엘은 제사장 나라의 본분을 망각했지만, 하나님은 언약을 기억하시고 열방을 불러 복 주시는 일을 계속 진행하십니다.

셋째, 약속의 후손을 보내시는 하나님

보아스는 사사 시대의 패역한 사람들과 다르게 율법을 준수하는 사람이었습니다. 그는 가난한 자를 위해 이삭을 남기라는 신명기 24장 19절의 율법을 기억하고 지킵니다. 율법을 내팽개친 사사 시대 이스라엘과 얼마나 대조적입니까? 율법을 준수한 그의 행동 덕분에 룻은 밭에서 이삭을 주울 수 있었고, 결국 보아스와 결혼합니다.

둘의 결혼도 단순히 남녀 간의 사랑이 아닙니다. 보아스는 고엘(구속자), 즉 기업 무를 자로서 율법에 따라 의무를 성실히 이행했습니다(룻 3:13). 율법에 신실한 보아스와 룻이 결혼하고, 성경은 보아스 가문의 족보를 보여줍니다. 그것은 바로 창세기에서 주목하고 있던 셋의 가문, 또 아브라함의 가문이었으며 현재 왕이 없는 이스라엘에 위대한 왕이 될 다윗 가문의 족보였습니다. 그보다 더 놀라운 것은 훗날 이 다윗 가문을 통해 창세기 3장 15절에서 약속하신 여자의 후손이 오신다는 사실입니다(참고. 마 1장)!! 이러한 룻기의 이야기를 보면서 우리는 하나님께서 창세기 3장 15절에서 부터 약속하신 언약을 기억하시고 이루심을 볼 수 있습니다. 뿐만 아니라 왕이 없어 소견에 옳은 대로 행하던 그 백성을 구하시려고 다윗 왕을 예비하고 계심을 룻기를 통해 깨달을 수 있습니다. 하나님은 이스라엘이 패역한 백성이지만 그들을 회복시켜 하나님의 나라를 세우기를 참으로 고대하고 계십니다. 하나님은 구속 역사를 포기하지 않고 이끌어 가고 계심을 룻기가 잘 보여 줍니다.

나오면서

사사기의 패역함은 하나님 나라의 구속 역사가 비극으로 추락하는 건 아닌지 염려하게 합니다. 반면 룻기는 우리에게 더 없는 안도감을 주는데, 하나님께서 약속을 기억하시고 약속하신 후손을 준비하고 계시기 때문입니다. 또한 왕이 없어 망할 지경에 이른 이스라엘을 위해 한 왕 다윗을 친히 준비하고 계심을 엿볼 수 있기 때문입니다. 언제나처럼 사람은 하나님 나라와 구속이라는 관점에서 보면, 연약함을 보이지만 하나님은 언약에 신실하시고 은혜를 베풀어 주시는 것을 깨닫습니다. 이제 룻기에서 암시한 한 왕을 하나님께서 어떻게 세워가실까요? 왕이 세워진 이스라엘은 사사기에 나타난 모습과 다른 모습을 보일까요?

생각해 볼 문제

1. 가나안 정복에서 다른 민족들을 다 죽여야 한다는 하나님의 명령은 가혹한 것 같습니다. 이 명령을 여러분은 어떻게 생각하십니까?

2. 이스라엘은 왕이 없는 것처럼 자기들의 마음대로 살았습니다. 우리의 삶과 가정, 그리고 교회에서 누가 왕입니까?

3. 하나님 나라의 회복은 점점 더 초점을 모으고 있습니다. 그 초점은 어디로 향하고 있을까요? 요약해서 설명해 보십시오.

제6장 구속의 과정 3. 회복 실패?

1. 약속의 땅에 정착한 하나님의 백성(사사기)

• 이스라엘이 큰 민족을 이루고 약속의 땅을 얻을 수 있었던 것은 약속에 ___하신 하나님 때문이다.

• 하나님의 나라는 하나님의 ___로만 얻을 수 있다.

a. 백성들을 향한 하나님의 요구

• ___을 섬기지 말고 오직 ___ 하나님만을 섬기며 그 땅에서 살 것을 요구하심

• 하나님은 자기 백성 _____(국민)이 약속의 땅(영토)에서 하나님의 ___(주권)에 잘 순종하여 하나님의 ___를 회복하기를 기대하셨다.

• 이스라엘이 ___ 나라와 ___ 백성으로서 지킬 하나님의 법은 십계명과 ___이다.

b. 어긋난 기대

• 하나님은 가나안 족속을 ___ 하라 하셨지만 사사기 1장은 남아 있는 종족의 목록을 보여준다.

• 가나안 족속을 멸망시키라고 하신 이유는 악의 ___ 때문이다.

• 남은 이방 종족들과 구별되지 못한 이스라엘의 모습이 사사기 2장부터 그려진다.

c. 4R의 악순환

- 남아 있는 가나안 족속은 이스라엘을 패역하게 하는 결정적 원인이다.

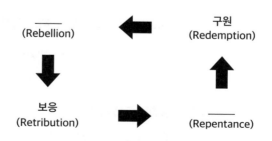

사사기의 악순환(4R)

d. 구별되지 않는 백성

• 타락한 사사들, 레위인들의 이야기는 이스라엘이 전혀 _____ 나라와 _____ 백성으로서 구별되지 않음을 증명한다.

e. 왕이 없는 백성

• 하나님의 기대와 달리 이스라엘은 제사장 나라와 거룩한 백성으로서 구별되지 않았는데, 이는 __이 없었기 때문이다(삿 17:6; 18:1; 19:1; 21:25).

• 이스라엘의 진정한 왕은 ___ 이시다. 그러나 이스라엘은 하나님을 왕으로 모시기를 싫어했다.

• 아담의 타락과 바벨탑 사건처럼 이스라엘은 자기 ___에 옳은 대로 살았다.

• 진정한 왕이 필요하다.

f. 구원의 하나님

• 백성들이 죄에 빠질 때마다 하나님은 구원자 ___를 세우시고 백성을 구원하신다.

• 사사들도 흠이 있는 구원자다. 사사들을 보며 온전한 사사, 세상을 구속할 약속된 여자의 ___을 기다리게 된다.

• 자기 소견에 옳은 대로 사는 사사기 백성들을 보며 __ 에 대한 필요성을 느끼게 된다.

2. 언약을 기억하시는 신실하신 하나님(룻기)

• ___ 여자 룻은 신앙 고백을 통해 하나님 나라의 백성이 된다. 정작 사사 시대의 이스라엘은 믿음이 없었지만, 이방 여인인 룻에게는 믿음이 있었다. 하나님의 나라는 ___으로만 얻을 수 있다.

• 열방이 복을 얻는 세 번째 약속이 성취되고 있다.

• 사사기 백성과 달리 율법을 기억하고 지킨 보아스를 통해 여자의 후손 계보를 이어가신다. 왕이 없는 백성에게 왕을 주셔서 구속을 이루실 계획을 보여 주신다.

제7장

구속의 과정 4. 왕을 세우다 사무엘서

　약속의 땅에서 이스라엘의 삶은 하나님 나라의 회복을 기대할 수 없게 만듭니다. "왕이 없어 소견에 옳은 대로 행했다"(삿 21:25)라는 평가는 사실이었습니다. 그러나 실망하기에는 아직 이릅니다. 룻기를 통해 우리는 하나님의 구원 사역이 역사 이면에 도도히 흐르고 있음을 발견했습니다. 계명과 율법을 저버린 시대에 기업 무를 자(고엘, 구속자)인 보아스를 부르셨고 이방 여인 룻이 하나님 나라를 상속하게 하셨습니다. 기업을 잇게 된 그 여인은 왕이 없는 이스라엘에게 왕을 선사할 나라의 어머니(참고. 사라: 열국의 어머니, 창 17:16; 리브가: 천만인의 어머니, 창 25:60)가 되었습니다. 여자의 후손의 메아리가 들리는 듯합니다(창 3:15). 이제 왕이 세워지는 과정을 함께 살펴봅시다.

1. 이스라엘과 왕의 통치(사무엘서)

a. 왕의 통치가 가지는 정당성

왕의 통치는 하나님 나라의 필연적인 요소입니다. 신명기 17장 14-20절은 아직 국가 형태를 갖추지 못한 채 광야에 있는 이스라엘에게 왕에 관한 지침을 내립니다. 즉, 왕의 통치를 통한 하나님 나라의 건설은 하나님의 구속 계획에 포함되어 있던 일입니다. 하나님 나라는 처음부터 왕이신 하나님을 대신해서 섭정으로서 인간을 통해 다스리는 나라입니다. 약속의 땅에서도 하나님은 왕의 통치를 염두에 두고 계십니다.

현실적으로 볼 때, 왕이 없어 소견에 옳은 대로 행하던 이스라엘에게 강력한 지도력을 가진 왕은 필수적입니다. 백성이 하나님을 진정한 왕으로 섬기도록 정치(正治, 바르게 다스릴 수 있는)할 인간 왕이 필요합니다. 따라서 하나님은 룻과 보아스를 통해 왕이 태어나도록 준비하셨으며, 사무엘을 통해 왕을 세우도록 하십니다.

b. 이스라엘의 불신앙과 하나님의 섭리

왕의 통치가 하나님의 구속 계획에 포함되지만, 백성들의 완악함 때문에 생긴 제도이기도 합니다. 사무엘상 8장 5절은 왕을 요구하는 이스라엘의 목소리입니다. 그들이 왕을 요구하는 이유는 '모든 나라와 같이' 되고 싶어서입니다. 즉, 이방 나라들이 강력한 왕권을 중심으로 나라를 보호하고 전쟁을 치르는 모습을 보며 그것을 부러워했기 때문입니다(삼상 8:20). 하나님께서 왕으로서 직접 다스려 오신 신정 정치(神政政治)를 무시한 행동입니다. 10가지 재앙으로 심판하고 홍해를 건넜으며, 가나안 족속과 전쟁하신 하나님을 의심하는 것은 어리석은 일입니다.

이처럼 왕정의 시작은 불순한 동기에서 시작합니다. 하지만 하나님은 왕의 통치를 미리 의도하셨습니다. 나쁜 동기에서 비롯된 일이었지만, 하나님의 섭리 안에서 합력하여 선을 이루고 있습니다.

2. 왕정의 준비와 시작

a. 사무엘

사무엘은 아이를 낳지 못했던 여인, 한나의 아들입니다. 구속 역사에서 종종 그랬듯이 하나님은 불가능한 상황에 간섭하셔서 구속 역사를 이어 가십니다. 한나의 노래(삼상 2:1-10)는 단순히 아들을 주신 일을 찬양하지 않습니다. 그녀는 "주의 구원으로 말미암아" 찬양하고 있습니다(삼상 2:2). 기적적으로 출생한 사무엘은 하나님의 구원 역사를 위한 인물이라는 뜻입니다. 기대한 대로 사무엘은 왕 없이 소견을 따라 살아가는 사사 시대를 종결하고 하나님의 뜻을 펼칠 왕의 길을 예비하는 자가 됩니다. 특별히 그의 행실은 엘리 제사장 아들들(삼2:12-17)과 대조를 이룹니다. 패역한 이스라엘의 표본인 엘리 가문이 망하고 신실한 사무엘이 세워지는 것을 볼 때, 하나님께서 이스라엘을 회복하실 것을 기대할 만합니다. 뿐만 아니라 선지자 사무엘은 오랫동안(사사 시대) 외면을 받던 계명과 율법을 미스바에서 다시 선포하며(삼상 7장) 이스라엘의 회복을 이끌어 갔습니다. 그는 이스라엘이 출애굽과 시내산 언약을 근거로 하는 하나님 나라의 백성이라는 사실을 일깨웠습니다. 동시에 그는 왕을 세우기 위해 준비된 인물이었지만, 왕이 다스리는 위험성도 경고했습니다. 왕정을 세우기를 원하는 백성들의 요구는 누가 봐도 악한 것이었습니다. 왕이신 하나님을 버리고 눈에 보이는 왕을 요구하는 완악한 일입니다(삼상 8:7). 그런 이들에게 군주제와 왕정의 위험성을 경고하면서 참 왕이신 하나님을 바라보도록 인도했습니다(삼상 8:11-18; 12장).

b. 사울

첫 번째 세워진 왕이 사울입니다. 사울은 베냐민 지파의 기스라는 유력한 사람의 아들입니다. 용모가 준수해서 누구보다 왕이 될 만한 재목으로 보였습니다(삼상 9:1-2). 하지만 그는 통치 기간 중 하나님께 불순종하는 큰 죄를 저질렀습니다. 블레셋과 전투하기 위해 이스라엘 군대가 길갈에 모여 있을 때 일입니다. 전쟁에 나가기 전 칠일을 기다렸지만 사무엘이 오지 않자 그는 조바심이 났고 결국 번제와 화목 제물을 먼저 드렸습니다(삼상 13:9). 그는 제사를 마치 주술처럼 이해했습니다. 엘리의 아들들이 법궤를 마법 상자로 여기고 전쟁에 앞세운 것처럼 사울은 얼른 제사를 드려서 전쟁의 승리를 보장받고 싶었습니다. 결국 이 일로 하나님은 사울의 왕위를 폐하시고 하나님의 마음에 맞는 자를 새롭게 세우십니다(삼상 13:14). 한 번 실수에 지나치게 반응하신 걸까요? 아닙니다. 왕은 백성의 머리입니다. 그는 이 나라의 진정한 왕이신 하나님께 제일 먼저 순종해야 합니다. 그의 순종을 보고 온 백성이 하나님께 순종하는 법을 배워야 합니다. 그러나 사울은 '순종이 제사보다 낫고 듣는 것이 숫양의 기름보다 낫다'(삼상 15:23)는 사실을 알지 못했습니다. 하나님은 그를 왕으로 세운 것을 후회하셨고 그를 버리십니다.

사울의 실패는 왕정의 위험성을 그대로 보여 줍니다. 신실한 왕이 세워지지 않는다면 왕이 없어 소견에 옳은 대로 행하던 사사 시대와 다르지 않습니다. 반면 왕의 통치는 하나님 나라의 회복을 위해 계획되었습니다. 비록 사울의 통치가 건전하지 않았지만 그는 '기름 부음을 받은 자'(히: 메시아, 헬: 그리스도)였습니다. 그가 실패하지 않았다면, 우리는 한 기름 부음 받은 자, 곧 메시아를 통해 백성을 구원하는 장면을 목격했을 것입니다. 메시아(왕)를 통한 구원이 바로 하나님이 구원하시는 방식임을 여기서 확인할 수 있습니다. 다윗이 그토록 자기를 괴롭히는 사울을 살려 둔 이유도 여기에 있습니다. 사울은 기름 부음 받은 자, 곧 구원자의 모델 가운데 하나였기 때문입니다(삼상 24:6).

3. 왕정의 절정

사울은 실패했지만 하나님은 또 다른 왕을 세워서 하나님 나라를 이루어 가십니다. 불순종한 왕 때문에 시작이 조금 삐걱거리긴 했지만, 하나님은 곧바로 하나님의 마음에 합한 다른 왕, 다윗을 세우셨습니다.

a. 다윗

사울과 달리 작고 아담하며, 얼굴이 아름다웠던 다윗이 하나님의 기름 부음을 받습니다. 하나님은 외모 대신 중심을 보시는 분이기에(삼상 16:7), 사무엘도 사울을 세울 때처럼 외모에 치중하지 않았습니다. 만약 사무엘이 여전히 겉모습에 관심을 두었다면, 이새의 아들 중 막내이며 소년이었던 다윗이 왕으로 기름 부음 받는 일은 없었을 것입니다.

다윗에 대한 평가를 먼저 살펴보자면 그는 '하나님의 마음에 맞는 사람'이었습니다(삼상 13:14, 행 13:22). 그가 왜 하나님의 마음에 합한 사람인지는 그의 전 생애가 증명합니다. 이런 다윗을 통해 이스라엘은 역사상 유래가 없는 번영을 누립니다. 그는 점점 강성해졌고 가나안 땅에 남아서 예루살렘을 점령하고 있던 여부스 족속을 물리쳤으며(삼하 5:1-10), 드디어 통일 왕국을 이룹니다. 약속의 땅에 들어와 처음으로 왕을 중심으로 제대로 된 **나라**가 수립되었습니다. 이전까지 이스라엘은 지파 중심의 도시 국가 수준이었습니다.

우리는 이것을 단순히 한 국가의 번성으로만 이해해서는 안 됩니다. 이스라엘의 역사는 하나님의 구속 역사입니다. 다윗, 그가 가나안의 모든 족속을 뿌리 뽑고 통일 왕국을 이룬 것은 하나님 언약의 성취입니다. 민족을 만드시고 땅을 허락하시겠다고 약속하신 하나님의 언약(창 12:1-3)이 다윗 왕을 통해 성취되었습니다. 하나님 나라가 이전 어느 시대보다 온전한 모습으로 다윗 때 임했습니다. 순종하는 왕, **기름 부음 받은 메시아** 다윗을 통해 이스라엘은 하나님을 잘 섬겼고 하나님은 그들에게 번영을 허락하셨습니다. 이방 민족의 세력도 축출되어 그야말로 가나안 땅은 하나님께서 자기 백성을 다스리시는 **하나님의 나라**가 되었습니다. 이를 볼 때 구속 역사에서 하나님이 기름을 부어 세운 왕이 얼마나 중요한지 알 수 있습니다.

b. 기름 부음 받은 메시아

다윗은 기름 부음 받은 자(메시아)입니다. 그가 기름 부음을 받고 나선 첫 전투는 블레셋의 골리앗과의 대결입니다. 여기서 우리는 하나님 나라의 백성이 어떻게 기름 부음 받은 자를 통해 구원을 받는지 엿볼 수 있습니다. 그 전투는 단순히 다윗이 왕위에 걸맞는 용맹함을 갖추었음을 보여 주지 않습니다. 그것은 구원 사건입니다. 다윗은 여호와의 구원하심이 어디에 있는지 보여 주려고 골리앗에게 나갔습니다(삼상 17:47). 하나님의 백성을 괴롭히는 블레셋을 기름 부음 받은 왕이 무찌릅니다. 골리앗의 머리를 박살냅니다(삼상 17:49, 54). 창세기 3장 15절의 약속을 떠올리게 하는 장면입니다. 그러나 그가 사용한 무기는 창검이 아니었습니다. 돌멩이 하나를 던졌을 뿐입니다. 그 돌 하나에 거대한 적장이 쓰러진다는 것은 상식적으로 있을 수 없는 일입니다. 다윗의 무기는 돌이 아니라 그가 의지하고 나아간 '만군의 여호와의 이름'이었습니다(삼상 17:45). 하나님이 바로 이 승리와 구원의 주역이십니다! 이스라엘 백성은 한 일이 없습니다. 그저 기름 부음 받은 메시아 때문에 승리를 만끽할 따름이었습니다(삼상 17:52-54). 이 이야기를 보면서 우리는 기름 부음 받은 메시아를 통한 온전한 구속을 바라봅니다. 하나님의 마음에 합한 왕이 세워져서 백성을 괴롭히는 원수를 물리치고 완전한 하나님 나라와 구속을 주실 것을 사모합니다. 뿐만 아니라 다윗은 보좌에 오르기까지 수많은 배척과 고난을 받습니다. 이는 앞으로 오실 진정한 기름 부음 받은 자, 메시아, 그리스도도 이와 같이 고난 받을 것에 대한 예표입니다.

이처럼 다윗은 오실 메시아를 미리 보여 주는 모델입니다. 그를 통한 승리와 구속은 장차 오실 참 메시아의 구원을 보여 주는 그림자입니다. 왜 진정한 구원을 소망합니까? 만약 다윗이 진정한 구원을 이루고 하나님 나라를 세웠다면 그런 기대는 필요 없을 것입니다. 그러나 다윗도 연약한 인간이었습니다. 밧세바와 간통하고 살인을 교사했으며, 출산한 아기는 태어난지 얼마되지 않아 죽었습니다. 덕분에 이스라엘 온 지역이 기근에 시달리기까지 했습니다. 이를 볼 때 비록 다윗이 유래를 찾아볼 수 없는 신실한 왕이며 기름 부음 받은 자(메시아)였지만, 완전한 메시아는 아니었습니다. 결국 다윗보다 더온전하게 하나님 나라를 세울 메시아, 창세기 3장 15절부터 줄곧 기대한 여자의 후손을 더욱 소망할 수밖에 없습니다.

c. 다윗 언약(삼하 7장)

말씀드린 대로 다윗은 다른 기름 부음 받은 자들 보다 구속과 하나님 나라를 잘 이룬 사람입니다. 그는 예루살렘을 정복한 후 가장 먼저 언약궤를 옮겨 왔습니다(삼하 6장). 하나님의 함께하심

다윗 언약(삼하 7:1-17)
1. 다윗을 위대하게 하겠다
2. 이스라엘을 한 곳에 심겠다
3. 원수를 벗어나 평안을 주겠다
4. 다윗 왕조를 견고케 하겠다
5. 아들이 하나님의 집(성전)을 짓게 하겠다

과 다스림이 이 나라의 핵심임을 맨 먼저 보여 주었습니다. 따라서 하나님은 마음에 쏙 드는 자인 다윗과 언약을 맺으십니다. 그를 대표로 이스라엘과 언약을 갱신하십니다. 언약은 하나님 나라의 구속을 위한 수단입니다. 언약 관계의 회복이 곧 하나님 나라를 세우는 핵심입니다. 따라서 사사 시대를 지나며 희미해진 언약 관계를 다윗을 통해 재정립하십니다. 다윗 언약의 내용은 옆에 표와 같습니다.

다윗 언약의 내용은 마치 다윗 개인에게만 주신 복과 같습니다. 그러나 다윗은 백성을 대표합니다. 그와 맺으신 언약은 실제 이스라엘 백성과 맺은 것입니다.[3] 하나님은 이스라엘을 약속의 땅에 심으시고 평안을 주시며 견고하게 하겠다고 약속하셨습니다. 또한 시내산 언약을 맺은 후 성막을 짓게 하셨던 것처럼 이제 다윗 언약을 맺은 후 그 백성과 함께 할(임마누엘) 집인 **성전**을 짓게 하겠다고 말씀하십니다. 다만 다윗의 아들에 이르러 이 위대한 일이 성취될 것입니다. 그는 임마누엘의 상징인 성전 역사를 위해 필요한 모든 재료를 준비합니다.

여기서 언약의 **점진적인 발전**을 잠시 살펴봅시다. 하나님은 큰 구속의 역사 때마다 인물을 세우시고 언약을 맺으셨습니다. 구속 역사가 진행되면서 하나님의 언약은

---

3 이것은 아담, 노아, 모세, 여호수아 할 것 없이 그간의 모든 언약에 적용되는 대표의 원리이며, 덕분에 예수님 한 분의 죽음과 부활이 그분의 백성들에게도 적용됩니다. 참고. 로마서 6장 1~11절, 에베소서 2장 5~6절.

점점 구체적으로 실현됩니다. 창세기에서 약속한 **여자의 후손**이 아브라함을 통해 **이스라엘 민족**으로 좁혀졌고, 그 가운데서 **유다 지파**일 것을 야곱이 예언합니다. 그리고 오늘 다윗 언약을 통해 약속한 자손이 속한 **가문**이 공개되었습니다. 뱀의 머리를 부수고 하나님 나라를 온전히 회복할 우리의 구원자 **여인의 후손**은 **이스라엘 민족 / 유다 지파 / 다윗 가문**을 통해 올 것이 드러났습니다. 점진적으로 구체화되고 있는 하나님의 구속 역사를 보면서 이 구속 이야기가 아름답게 완성되기를 더욱 간절히 바라게 됩니다.

나가면서

드디어 왕이 세워졌습니다. 그는 이스라엘을 하나님의 나라로 건설할 사명을 짊어졌습니다. 다윗 때에 와서 하나님의 구원 역사의 중요한 요소들이 많이 드러났습니다. 첫째, 하나님은 기름 부음 받은 자를 통해 자기 나라를 건설하십니다. 둘째, 왕은 백성의 대표가 되어 그의 승리가 곧 백성의 승리가 될 것입니다. 셋째, 안타깝게도 다윗은 온전한 메시아는 아니었습니다. 넷째, 메시아는 진정한 왕으로서 다윗 가문을 통해 올 것입니다. 하나님의 언약의 역사가 점진적으로 발전하면서 창세기 3장 15절에 약속한 **한 후손**이 다윗 가문에 속해 있음을 다윗 언약을 통해 확인 할 수 있습니다. 부디 바라기는 다윗 이후 세워지는 왕들도 잘 통치해서 이스라엘을 하나님 나라로 세우면 좋겠습니다. 그런 이스라엘이 제사장 나라가 되어 열방을 하나님께 인도하길 기대해 봅시다.

생각해 볼 문제

1. 하나님은 자신의 백성과의 언약 관계에서 신실하십니다. 그 백성들의 불신앙에서도 그분은 여전히 선을 이루어 가십니다. 나의 불신앙이 하나님의 섭리 안에서 선을 이루어가는 경험을 한 적이 있나요? 나누어 봅시다.

2. 하나님께서 원하시는 것은 제사가 아니라 순종입니다. 우리의 삶에서 종교적인 생활이 아니라 진정 하나님께 순종해야 할 부분이 어떤 것일까요?

3. 왕을 통해서 이루고자 하는 하나님의 나라에 대해서 살펴보았습니다. 다윗 시기에 나타난 구원 역사의 중요한 요소들은 무엇일까요?

제7장 구속의 과정 4. 왕을 세우다

1. 이스라엘과 왕의 통치

a. 왕의 통치가 가지는 정당성

• 하나님은 이미 ___을 하나님 나라의 필수 요소로 여기고 계셨다(신 17:14-20)

b. 이스라엘의 불신앙과 하나님의 섭리

• 왕의 통치는 하나님의 계획인 동시에 백성들의 ____ 때문에 생긴 제도이다.

• 이스라엘이 왕을 요구한 이유 : _____ 와 같이 되고 싶어서

• 불손한 동기에서 비롯된 왕정이지만 하나님의 ___ 안에서 선을 이루었다.

2. 왕정의 준비와 시작

a. 사무엘

• 어머니 한나는 사무엘을 낳고 "주의 ___으로 말미암아" 찬양하고 있다(삼상 2:2)

• 즉, 사무엘은 단지 귀한 아들이 아니라 하나님의 ___ 역사를 위한 인물이다.

• 사무엘은 ____ 제사장 가문과 대조를 이루는 데 패역한 이스라엘이 회복될 것을 기대하게 된다.

• 무시된 ___과 율법을 미스바에서 다시 선포하여 이스라엘의 회복을 시도했다. (삼상 7장)

• 왕을 세우는 동시에 왕정의 ____도 함께 경고했다.

b. 사울

• 외모가 준수함

• 블레셋과의 전투에서 사무엘을 기다리지 않고 직접 제사를 드림. 그는 제사를 ____적으로 이해했다(삼상 13:9).

• ___이 제사보다 나은 것을 알지 못한 사울은 폐위된다(삼상 15:23).

• 첫 왕의 실패는 왕정의 ____을 그대로 보여 준다.

• 실패하긴 했지만 왕은 하나님의 기름 부음 받은 자이다. 사울을 통해 하나님께서

_____을 통해 백성을 구속하시려는 구속 역사를 엿볼 수 있다.

• 다윗이 사울을 죽이지 않은 이유는 그가 오실 _____의 예표이기 때문이다(삼상 24:6).

3. 왕정의 절정

a. 다윗

• 다윗은 '하나님의 ___ '에 맞는 사람이었다(행 13:22).

• 이 왕을 통해 이스라엘은 가장 번성한 통일 왕국을 수립한다.

• 다윗을 통한 부국강병은 _____ 적으로 이해해야 한다. 가나안 족속을 뿌리 뽑고 약속의 땅에서 통일 왕국을 이룬 것은 하나님의 _____이 성취된 것이다. 이스라엘은 기름 부음 받은 왕을 통해 _____가 되었다. 구속사에서 기름을 부어 세운 왕이 얼마나 중요한지 엿볼 수 있다.

b. 기름 부음 받은 메시아

• 다윗은 기름 부음 받은 _____ 이다.

• 골리앗 전투는 하나님의 마음에 합한 __이 세워져서 원수의 머리를 부수고 하나님 나라와 구속을 이룰 것을 기대하게 한다.

• 다윗이 당한 배척과 ___은 오실 ___메시아를 미리 보여 준다.

• 연약한 다윗을 보며 참 메시아를 통한 온전한 구원을 소망하게 된다.

c. 다윗 언약(삼하 7장)

• 다윗 언약은 _____ 백성에게 주신 언약이다.

• 하나님의 언약은 점점 구체화되고 있다.

언약의 전개		구속사적 전개	
아담(창 3:15-16)	"여인의 씨"	Race(인류)	메시야의 오심이 구체적으로 압축되고 있다
아브라함(창 12:1-3)	"네 후손" =이스라엘	Nation(국가)	
야곱(창 49:9-10)	"유다" 지파	Tribe(종족)	
다윗(삼하 7, 역상 17장)	"네 집.."	Family(가문)	

점진적으로 구체화되고 있는 하나님의 언약

구속의 과정 5. 왕들의 실패 열왕기, 역대기

뛰어난 임금 다윗이 출현했습니다. 하나님 나라의 회복과 관련한 예보는 '맑음'같아 보입니다. 이제 다윗 이후 왕들이 다윗처럼 여호와를 청종하는 일이 중요합니다. 왕위를 이은 솔로몬은 성전을 세우고, 하나님이 함께 하시며 다스리는 나라를 건설하는 듯 보입니다. 타락 이후 고대해 온 하나님 나라의 회복이 다윗과 그의 후손의 통치 아래 잘 이루어질 것만 같은 기대가 차오릅니다. 과연 제사장 나라 이스라엘을 통해 열방은 복을 얻을 수 있을까요? 다윗 이후 왕정을 통해 알아봅시다.

1. 왕정의 부흥

기름 부음 받은 왕에게 하나님 나라가 달렸습니다. 왕정이 하나님 나라의 회복을 성취할 수 있을지 기대가 됩니다. 적어도 솔로몬의 집권 초기 이야기는 '꿈은 이루어진다' 같습니다.

a. 솔로몬과 지혜

아버지 다윗 왕을 따라 솔로몬 역시 하나님의 마음에 합한 통치를 시작합니다. 특별히 집권 초기 하나님께 지혜를 간구한 것은 더할 나위 없이 잘한 일입니다. 그는 자신을 위해 지혜를 구하지 않았습니다. 하나님 나라를 대신 다스리는 대리 통치자(창조 때 아담처럼)로서 '백성을 잘 재판(다스림)할 수 있도록' 지혜를 구했습니다(왕상 3:9). 물론 하나님께서는 그에게 지혜 뿐만 아니라 구하지 않은 부귀영화를 덤으로 주셨습니다. 먼저 나라를 구하는 자에게 모든 것을 더하셨습니다(마 7:33).

솔로몬의 통치가 얼마나 지혜로웠는지는 '솔로몬의 재판'이라 불리는 유명한 일화에서 드러납니다. 이 재판을 통해 온 이스라엘은 하나님의 지혜가 솔로몬에게 있음을 확인했습니다(왕상 3:28). 이 모습은 마치 에덴에서 하나님이 아담에게 기대하셨던 통치가 재현된 것만 같습니다. 하나님의 형상으로서 그분의 지혜로 마치 하나님이 다스리는 것처럼 공평하고 정의롭게 세상을 통치하는 모습 말입니다. 물론 인간의 타락으로 물거품이 되고 말았지만, 지금 솔로몬의 통치 아래서 훼손된 하나님의 나라가 부분적으로나마 실현되는 것을 봅니다.

b. 성전

지혜만 아니라 솔로몬 일생의 업적인 성전 건축을 통해서도 하나님 나라의 회복을 엿볼 수 있습니다. 아버지 다윗과 맺으신 언약대로 아들 솔로몬이 **성전**을 건축했습니다. 이스라엘은 이전 어느 시기보다 성전을 통해 하나님의 나라를 일구었습니다. 성전이야말로 하나님의 다스림을 상징하기 때문입니다. 성전에서 하나님은 사람의 죄를 용서하시고, 그들과 함께 하시며(임마누엘), 백성을 다스리시는데(나라), 이는 에덴을 떠올리게 합니다. 하나님과 인간의 친밀한 관계, 하나님과의 교제, 안식, 다스림이 충만했던 에덴 동산을 재현하는 곳이 성전입니다. 성전을 통해 하나님의 나라는 이스라엘 땅에 온전히 구현된 것만 같습니다.

또 한가지 주목할 점은 성전을 봉헌한 후 스바의 여왕이 솔로몬을 찾아왔다는 점입니다. 명성이 자자한 솔로몬의 지혜를 시험하려고 온 그녀는 듣던 대로 그의 놀라운 지혜를 확인했습니다. 하지만 여왕은 성전을 본 후 더욱 놀랐습니다(왕상 10:5). 그녀는 솔로몬을 '복'되다고 칭송하고(10:7-8), 하나님을 송축합니다(10:9). 과거부터 하나님은 아브라함이나 이스라엘 민족만 하나님의 나라가 되기를 원하지 않으셨습니다. 이스라엘이 열방을 위한 '복'의 통로가 되길 기대하셨습니다. 그 기대가 솔로몬의 다스림, 특별히 성전 건축을 통해 이루어졌습니다. 하나님을 모르던 남방 여왕(마 12:42)이 솔로몬(이스라엘)과 성전을 통해 하나님께 나아와 찬양했습니다! 복의 근원, 제사장 나라로서의 사명이 성취되고 있습니다.

재미있게도 이 성전은 성막의 확장판인데, 나중에 참 성전이신 예수님을 통해 온전히 성취됩니다. 우리는 예수님 성전 안에서 첫째, 죄를 용서 받습니다. 둘째, 하나님과 함께 하는 복을 누립니다(마 28:20). 셋째, 그분의 다스림을 받습니다(히 10:21, 계 11:15). 지금 건축된 솔로몬 성전은 참 성전이신 예수님을 고대하게 하는 그림자입니다. 언약과 마찬가지로 성전도 완전한 성취를 향해 점점 나아가고 있습니다(점진성).

2. 몰락과 패망

a. 분열된 왕국

성전과 함께 이스라엘이 하나님 나라가 되는 듯합니다. 이제 그들이 제사장 나라의 역할을 잘 감당해서 온 세상을 회복하면 좋겠습니다. 하지만 안타깝게도 연약한 인간 왕들은 이스라엘을 온전한 하나님의 나라로 건설하는 데 부족합니다. 솔로몬은 선한 행적에도 불구하고 이스라엘이 몰락하는 원인을 제공하고 말았습니다. 이방 나라의 여인들과의 무분별한 정략 결혼으로 우상이 이스라엘로 더 많이 들어옵니다. 또한 아들 르호보암은 하나님 나라의 왕으로서의 본분을 망각한 채 마치 폭압적인 세상의 임금들처럼 백성을 압제하기 시작합니다(대하 10장). 이런 모습은 이방신이 인간에게 행한 폭정과 다름없습니다(1장 메소포타미아 신화 참고). 에덴과 같은 안식의 나라를 세워야 할 왕이 폭력과 압제로 나라를 다스리고 있습니다. 결국 통일 왕국은 겨우 3대째에 이르러 여로보암의 북 이스라엘과 르호보암이 다스리는 남 유다로 분열되고 맙니다.

b. 왕국의 멸망

북 이스라엘과 남 유다는 각각의 역사를 이어갑니다. 분열 이후 이야기는 암울하기 그지 없습니다. 북 이스라엘을 다스린 왕은 총 19명인데, 선한 왕으로 평가를 받은 인물이 단 한명도 없습니다. 남 유다의 상황은 그나마 나은 편이긴 합니다. 모두 20명 중에서 8명이 어느 정도 선한 평가를 받았습니다. 하지만 그것으로 충분하지 않습니다. 제사장 나라, 거룩한 백성, 하나님의 소유된 이스라엘은 의와 공도를 행하는 나라로 세워져야 합니다. 이것은 아브라함에게 주신 비전인데(창 18:19), 오직 다윗과 솔로몬에게서만 이뤄졌을 뿐(대상 18:14, 대하 9:8) 그 어떤 왕도 하나님의 기대를 충족시키지 못했습니다. 결국 이스라엘의 역사는 암울한 종착역을 맞이합니다. 북 이스라엘은 주전 722년 앗수르에 의해, 남 유다는 주전 586년 바벨론에 의해 멸망하는 수치를 겪고 맙니다.

3. 왕들의 실패를 기록한 두 책(열왕기, 역대기)

왕들의 실패 이야기는 열왕기와 역대기에 기록되어 있습니다. 두 책의 내용은 얼핏 비슷해 보입니다. 그럼에도 불구하고 두 권으로(현재 성경은 상하로 나뉘어 4권) 기록된 데는 이유가 있습니다. 다음 표를 보십시오.

	열왕기서(The Books of Kings)	역대기서(The Books of Chronicles)
주제	왕들의 실패 이야기	왕들의 실패 이야기
목적	이스라엘 멸망의 당위성 : 율법에 순종하지 않음	이스라엘 회복의 기대
내용	정치적인 관점(왕, 선지자적 관점) 왕권의 흥망성쇠에 관한 내용 북 이스라엘과 남 유다 둘에 관한 기록 도덕성과 심판을 강조	신앙적·종교적인 관점(제사장적 관점) 성전과 다윗 왕조의 계승에 관심 주로 남 유다에 관한 기록 구원과 희망을 강조

두 책은 기록 연대가 다릅니다. 이는 서로 다른 상황에서 기록되었다는 의미입니다. **열왕기서**는 포로 직후 '도대체 왜 하나님의 백성이 이방인의 포로가 되었는지'를 설명합니다. 하나님께서 다윗과의 언약을 잊으신 것은 아닌지 의심하는 사람들에게 하나님이 아니라 율법에 불순종하고 제사장 나라답게 살지 못한 왕들과 이스라엘에게 책임이 있음을 알리기 위해 기록되었습니다. 때문에 열왕기는 주로 왕들의 반역과 우상 숭배를 꼬집습니다. 반면 **역대기서**는 포로 생활을 마치고 귀환하는 백성을 위해 기록되었습니다. 비록 그들이 율법을 어겨 멸망했지만, 하나님께서는 약속을 기억하시고 백성을 회복할 것이라는 관점에서 기록되었습니다. 그러므로 하나님이 함께 하시는 상징인 성전을 주로 이야기하면서 성전 재건을 독려합니다. 다윗 가문인 남 유다 이야기에 더 집중하여 하나님의 언약이 여전히 유효함을 강조하기도 합니다. 요약하면, 열왕기는 **선지자적**인 측면에서 죄를 지적하고, 역대기는 **제사장적 관점**에서 죄 용서와 성전의 유효성, 언약의 연계성을 강조합니다.

4. 이스라엘의 멸망과 하나님의 열심

안타깝습니다. 기름 부음 받은 왕을 통해 하나님이 다스리시는 나라가 온전히 건설되지 않을까 하고 가졌던 기대는 무참히 부서졌습니다. 아담 이후 하나님께서 얼마나 열심히 일하셨는지는 우리가 잘 압니다. 하나님은 타락의 현장에 적극적으로 개입하셔서 사탄과 하나님의 백성 사이에 '적개심'을 심으셨고, 이 모든 상황을 해결할 '여자의 후손'을 약속하셨습니다(창 3:15). 그 약속을 이루기 위해 아브라함을 부르셨고(창 12:1-3), 이스라엘 민족을 형성하셨으며(출 1:7), 백성을 가나안 땅으로 인도하셨습니다(수 21:43-45). 하나님 나라를 건설하기 위한 토대를 준비하신 것입니다. 그럼에도 백성은 왕이 없는 것처럼 패역하게 굴었습니다(삿 21:25). 하나님은 그런 백성을 포기하는 대신 하나님 마음에 합한 다윗을 왕으로 세워 하나님의 왕국 건설을 이어 가셨습니다(삼상 13:14). 이제 다윗 이후 기름 부음 받은 자들은 사명을 잘 감당하며 하나님 나라를 회복해야 합니다. 하나님의 소유(보석)인 이스라엘이 제사장 나라답게 거룩한 백성으로 살면서(출 19:5~6) 열방에 복이 되는 사명 말입니다(창12:3; 22:18; 행 3:25; 갈 3:8)! 하지만 모든게 수포로 돌아갈 지경에 이르렀습니다. 완악한 왕들의 태도는 자신뿐만 아니라 백성들과 온 열방까지 위기에 빠뜨렸습니다. 도대체 하나님의 나라는 언제 온전히 회복될 수 있을까요? 다시 하나님 나라의 회복을 위한 앞 길에 안개가 자욱하게 끼는 것만 같습니다.

나오면서

성전을 세우면서까지 백성과 함께 하길 원하셨던 하나님. 하지만 왕들과 이스라엘은 순종하지 않았습니다. 그런 이스라엘을 기다리고 있는 건 멸망이었습니다. 그들은 이방에 포로로 끌려갔습니다. 왕정을 통해 기대한 하나님 나라의 회복은 다시 먼 나라 이야기가 되고 말았습니다. 하지만 여기서 끝이 아닙니다. 언약에 신실한 하나님은 포로 중에도 말씀하시며 다가오십니다. 다음 장에서 우리는 선지자들을 통해 찾아오신 하나님과 하나님께서 백성들에게 기대하신 삶은 어떤 모양이었는지 선지서와 지혜서를 통해 살펴보겠습니다.

생각해 볼 문제

1. 솔로몬은 통치를 잘 할 수 있도록 지혜를 구했습니다. 이것은 하나님의 나라를 먼저 구하는 태도 입니다. 솔로몬의 기도와 비교하여 우리의 기도 제목은 어떤지 나누어봅시다.

2. 성전은 임마누엘을 상징합니다. 진정한 성전이신 예수님과 연합한 우리도 하나님과 함께 하는 복을 누릴 수 있습니다. 하나님이 우리와 함께 하심을 언제 가장 크게 느끼나요?

3. 이스라엘은 실패했지만 하나님 나라를 이루어가시는 하나님의 열심은 꺼지지 않았습니다. 우리의 죄악과 실패에도 불구하고 우리를 돌보시는 하나님에 대한 경험을 나눠봅시다.

제8장 구속의 과정 5. 왕들의 실패

1. 왕정의 부흥

a. 솔로몬과 지혜

- _____ : 왕으로서 백성을 잘 다스리고 재판하기 위해 구한 것이다.

b. 성전

- 성전은 하나님의 _____ 상징이다.
- 성전을 통해 이스라엘은 하나님이 함께 하시고 다스리시는 하나님의 __ 임을 확인하게 된다.
- 성전의 핵심 기능 : 첫째, __를 용서 하심이다. 둘째, 백성과 __하심이다. 셋째, 다스리심이다.
- 성전의 기능들은 _____을 통해 온전히 성취된다.

2. 몰락과 패망

a. 분열된 왕국

- 솔로몬이 제공한 이스라엘 멸망의 단초 : 이방 나라 여인들과의 무분별한 _____
- 그 결과 이스라엘은 북_____과 남_____로 분열된다.

b. 왕국의 멸망

- 북이스라엘 왕 __ 명, 남유다 왕 __명
- 왕국의 멸망 : 북이스라엘 주전 __년, 남유다 주전 __년

성막	___성전	스룹바벨 성전	___성전	___성전	새예루살렘 성전
하나님의 함께 하심	성막의 구체화	더 영광스러움 (학 2:9)	참 성전 (죄 용서, 임마누엘통치)	성령을 모신 우리 자신	영원히 하나님과 함께 할 성전

성전의 점진적 발전

3. 왕들의 실패를 기록한 두 책 : _____ , _____

	열왕기서 (The Books of Kings)	역대기서 (The Books of Chronicles)
주제	왕들의 실패 이야기	왕들의 실패 이야기
목적	이스라엘 ___의 당위성 : 율법에 순종하지 않음	이스라엘 ___의 기대
내용	정치적인 관점(왕, 선지자적 관점) 왕권의 흥망성쇠에 관한 내용 북 이스라엘과 남 유다 둘에 관한 기록 도덕성과 심판을 강조	신앙적·종교적인 관점(제사장적 관점) 성전과 다윗 왕조의 계승에 관심 주로 남 유다에 관한 기록 구원과 희망을 강조

구속의 과정 6. 새 언약과 하나님 나라 백성의 삶 선지서, 지혜서

왕이 없는 이스라엘에게 다윗이라는 출중한 왕이 세워졌습니다. 다윗 같은 왕이 없을 정도였습니다. 그러나 다윗조차도 온전하게 하나님 나라를 이루지는 못했습니다. 그 역시 죄악된 인간이기 때문입니다. 솔로몬 역시 하나님의 지혜로 나라를 잘 다스리는 것 같았지만, 아들 르호보암에 이르러 나라가 분열합니다. 이후 왕들은 원대한 사명, 곧 하나님 나라의 건설에 실패합니다. 결국 북 이스라엘과 남 유다는 멸망하고 맙니다. 본 장에서는 왜 그들이 실패할 수밖에 없었는지, 그들에게 하나님께서 기대하신 삶의 모양은 무엇이었는지를 살펴보겠습니다.

1. 선지자

a. 선지자의 등장

이스라엘이 남북으로 갈라지면서 **선지자**의 역할이 도드라졌습니다. 사실 선지자의 출발이 어디서부터인지 명확히 알 수는 없습니다. 다만 아비멜렉의 꿈에 하나님은 아브라함을 '선지자'라고 하셨고(창 20:7), 모세는 '나와 같은 선지자'를 예언했습니다(신 18:15). 이로 볼 때 선지자 직분은 구속 역사의 시작 단계에서부터 존재한 직분임에 틀림없습니다. 하나님 계시의 전달자인 선지자는 왕정에 들어서면서 점점 중요해집니다. 왜냐하면 강력한 군주제의 꼭대기에 선 왕은 아무래도 하나님의 말씀에 귀를 기울이지 않을 가능성이 높기 때문입니다. 첫 왕을 세울 때 사무엘을 필두로 나단, 갓, 아히야, 스마야 등 왕정 기간 내내 선지자들이 끊임없이 등장합니다.

b. 시내산 율법과 견책하는 선지자

선지자의 주된 역할은 왕을 책망하는 일입니다. 왕이 하나님의 말씀에서 이탈할 경우 그를 돌이키게 하는 것이 선지자의 임무입니다. 이스라엘은 표면적으로 왕정 국가이지만 실상은 하나님의 통치를 받는 신정 국가(theocracy)입니다. 하나님이 진정한 왕이시고 그분의 말씀이 헌법입니다. 안타깝게도 왕들은 하나님 말씀대로 하나님을 섬기는 일에 실패했습니다. 성전을 건축한 솔로몬은 우상 숭배의 산실인 산당을 허용합니다(왕상 11:7). 덕분에 대부분의 왕들도 바알과 아세라를 위한 산당을 짓고 우상들을 숭배했습니다. 이 때 왕들을 꾸짖고 하나님의 심판을 선포한 자들이 선지자였습니다. 엘리사가 그러했고 엘리야가 그러했습니다. 유명한 갈멜산 사건을 우리는 잘 압니다. 표면적으로는 바알의 선지자 450명과 엘리야의 전투였지만, 근본적으로는 아합 왕이 섬기는 바알과 엘리야가 섬기는 하나님의 대결입니다(왕상 18장). 이 싸움을 통해 백성들은 누가 참 신이며, 왕과 백성이 과연 누구를 섬겨야 마땅한지를 깨닫습니다.

선지자는 왕과 백성에게 **하나님의 말씀으로 경고합니다.** 물론 이는 당대에 갑자기 주어진 말씀이 아니라 시내산에서 주신 말씀, 곧 **시내산 율법**(십계명과 율례들)이었습니다. 노예로 살았던 애굽에서 구원하시며, 순종할 것을 요구하신 율법과 계명이 이스라엘의 잣대였습니다. 왕과 백성이 이 율법에서 멀어질 때 선지자들은 곧장 심판과 징벌을 선포했습니다. 선지자들은 왕과 백성이 진정한 왕이신 하나님께 순종하도록 끊임없이 시내산 율법을 되새기게 했습니다. 그래서 누군가는 선지자를 **시내산 언약의 항구적인 수호자**[4]라고 부르기도 합니다.

c. 포로 전 선지자

언약의 수호자들은 타락해 가는 왕정을 향해 끊임없이 회개와 순종을 외쳤습니다. 만약 계속해서 죄를 짓는다면 나라가 멸망할 것이라고 선포했습니다. 포로 전 선지자들은 분열 왕국 기간에 남 유다와 북 이스라엘에서 활동했던 선지자들입니다. 이들 중 성경을 기록한 자는 11명(연대별로 오바댜, 요엘, 요나, 아모스, 호세아, 미가, 이사야, 나훔, 스바냐, 예레미야, 하박국)입니다. 호세아는 북 이스라엘을 창녀에 비유하며 남편이신 하나님께로 돌아올 것을 촉구했습니다. 아모스는 이방 나라처럼 배교한 북 이스라엘에게도 하나님의 심판이라는 화살이 겨누어져 있음을 경고했습니다. 이 선지자들 외에도 포로 전 선지자들은 시내산 언약에 기초하여 심판과 구원을 선포했고, 그것이 실현되는 한 날을 강조했습니다.

그 날은 **여호와의 날(The Lord's Day)**이라 불리는 날입니다. 그날에 하나님은 죄를 지은 이스라엘을 심판하실 것입니다. 이스라엘이 멸망하는 날이며, 바벨론의 포로가 되는 날입니다. 또한 그날은 심판과 함께 하나님의 온전한 구원이 선포되는 날이기도 합니다. 여전히 우상을 숭배하며 언약에서 떠난 왕과 백성이었지만, 여호와의 날이 온다면 그들에게 희망이 있습니다. 죄악의 대가로 심판을 받아 바벨론의 포로가 되겠지만, 하나님께서 구원을 베푸시겠다고 약속한 날이기 때문에 이스라엘과 열방의 회복은 아직 완전한 실패가 아닙니다. 유사한 기대를 이사야는 '고난 받는 종' 메시아를 통해 이루어 질 것이라고 예언합니다(사 53장). 이런 여호와의 날, 구원의 날에 대한 기대 때문에 예레미야는 성전과 약속의 땅을 두고 포로가 되어 바벨론으로 끌려가는 심판을 받아들이라고 합니다. 하나님의 심판의 때(이스라엘 멸망)에

---

4 그레엄 골즈워디, 『복음과 하나님의 나라』 (서울: 성서유니온, 2006), 91.

죄를 깨닫고 순순히 포로가 되어 떠나는 자들이야말로 하나님께서 자기 나라를 위해 남겨 두신 자(the Remnants)라고 말합니다(렘 29:1). 물론 남 유다의 왕과 백성들은 예레미야의 선포를 싫어했습니다(렘 27:13). 자기들의 행실은 생각하지 않고 그저 선민의식에 사로잡혀 멸망과 포로는 결코 하나님의 뜻이 아니라고 굳게 믿었습니다.

이렇듯 포로 전 선지자들은 이스라엘을 향해 외쳤습니다. 하나님의 율법과 언약을 기억하고 순종할 것을 여러 모양으로 촉구했습니다. 그럼에도 불구하고 북 이스라엘과 남 유다 모두 율법을 버리고 우상을 섬겼으며 거룩한 언약 백성으로서의 삶을 살지 않았습니다. 결국 심판은 예언대로 이루어져 주전 722년 북 이스라엘이, 주전 586년 남 유다가 완전히 멸망했습니다. 그러나 하나님께서는 계속해서 선지자들을 보내셨습니다. 멸망 이후 바벨론 포로로 유배된 상황에서도 그들은 하나님의 말씀을 언약 백성들에게 전했습니다. 하나님은 자기 백성을 완전히 버리지 않으셨습니다.

d. 포로 및 포로 이후 선지자

포로 기간에 활동하며 성경을 기록한 선지자는 에스겔, 다니엘, 예레미야입니다. 예레미야는 이 기간에 애가(哀歌)를 기록했습니다. 이들은 바벨론에 포로로 잡혀간 자들을 대상으로 사역한 선지자들입니다. 비록 시내산 율법에서 떠난 죄로 멸망했고 포로가 되었지만, 이스라엘의 역사와 하나님의 구속 역사는 끝나지 않았습니다. 하나님은 약속에 신실한 분입니다. 창세기 3장 15절부터 이어져 온 하나님의 언약, 구속 약속은 반드시 이루어질 것입니다. 그러나 언제나 불순종하는 사람이 문제였습니다. 그들에게 율법이 있었지만 기억하지 않고 지키지 않는 완악함이 늘 문제입니다. 이에 하나님은 선지자 에스겔을 통해 약속하시길 '성령을 부어 주시겠다'라고 하셨습니다. '성령을 주셔서 그들이 하나님의 율례를 행할 수 있도록 근본적인 조치를 취하시겠다'고 말씀하십니다(겔 36:26-27). 이는 예레미야를 통해 말씀하신 **새 언약**과 연결됩니다(렘 31:31-34). 새 언약은 이전 언약과 조금 성격이 다릅니다. 새 언약은 종이나 돌판이 아니라 마음에 새겨져서 지워지지 않을 것입니다(렘 31:33). 근본적인 해결책이 제시되고 있습니다. 백성이 다시는 하나님의 율법을 망각하지 않는 온전한 백성이 되어 온 열방을 구속하시려는 하나님의 목적을 성취할 것입니다.

이처럼 하나님은 선지자들을 통해 포로된 백성들에게 희망의 메시지를 주셨습니다. 이러한 화해 분위기를 반영해 포로 이후 활동한 학개 선지자는 하나님의 심판이 있었지만 다시 우리와 함께 하실 것을 확신하며 성전 건축을 독려했습니다(학 1:13-14). 스가랴는 하나님의 종 싹(개역: 순, 슥 3:8, 6:12)과 장차 고난 받아 죽임을 당할 사람(슥12:10)을 통해 하나님 나라가 회복될 것을 예언했습니다. 말라기는 구약의 대단원을 내리면서 엘리야가 먼저 와서 예비해야 할 정도로(말 4:5-6) 위대한 분이 오셔서 여호와의 날(the Lord's Day), 곧 심판과 구원의 날을 이루실 것을 예언합니다.

종합해 보면 선지자들은 심판을 향해 거침없이 질주하는 이스라엘에게 언약을 회복하고 율법을 지키는 것이 살 길이라고 끊임없이 외쳤습니다. 그럼에도 불구하고 이스라엘은 남, 북을 불문하고 선지자들의 말에 귀를 기울이지 않았고 약속대로 심판의 날이며 여호와의 날, 곧 앗수르와 바벨론에게 멸망하는 날을 맞이합니다. 여기까지만 보면 마치 하나님의 구속 역사는 진짜 실패한 것처럼 보입니다. 언약에서 떠난 제사장 나라의 실패만 보면 열방의 구속을 포기하는 것이 당연합니다. 그러나 눈을 돌려 하나님을 향하면 이야기가 다릅니다. 하나님은 선지자들을 통해 오히려 이제껏 보지 못한 온전한 구속을 기대하게 하십니다. 이사야의 고난 받는 종, 예레미야의 새 언약, 에스겔의 성령, 스가랴의 죽임 당할 종, 말라기의 엘리야가 예비하는 길을 통해 하나님은 이제 더 이상 하나님 나라의 회복과 구속을 이스라엘에게만 맡기지 않으시고 보다 획기적인 자신의 종을 통해 이루실 것을 계시하십니다. 표면적으로 선지자들의 활동 시기는 암울했지만 실상은 하나님의 구속에 한 걸음 더 나아간 시기입니다. 더 완전하고 더 뚜렷한 하나님의 구속이 선지자들을 통해 계시되었습니다. 말라기의 예언을 끝으로 거의 400년 이상 하나님의 계시가 중단되었지만 염려할 것 없습니다. 하나님은 언제나처럼 신실하시기 때문입니다. 선지자들을 통해 약속하신 온전한 구속이 언젠가는 이루어질 것입니다. 말라기를 끝으로 구약을 닫으며 우리는 이스라엘 역사의 실패로 인한 실망을 넘어 하나님께서 친히 이루실 새 언약과 메시아를 통한 회복과 구속에 대한 열망을 품습니다.

2. 하나님 나라 백성의 구체적인 삶 - 성문서들(Writings) : 시가서 및 지혜서[5]

구약의 역사는 바벨론에서 돌아오는 일로 끝이 나지만, 여기서 잠시 되돌아가서 하나님께서 이스라엘에게 기대하신 삶의 모습을 간략히 살펴보겠습니다.

하나님은 이스라엘을 제사장 나라, 거룩한 백성으로 삼으셨습니다(출 19:6). 이는 그들의 구별된 삶을 통해 열방을 구속하시려는 하나님의 구속 계획 때문입니다. 이를 위해 주신 법이 계명과 율법입니다. 그들은 출애굽기, 레위기, 신명기 등에 나타난 하나님의 율법을 잘 준수하며 살아야 했습니다. 그들이 지켜야했던 율법은 삶의 모든 부분에 적용해야 할 대원칙입니다. 헌법과 시행 규칙의 관계처럼 율법은 제사장 나라, 거룩한 백성을 위한 큰 테두리였습니다. 그리고 그 테두리 안에서 율법을 실생활에 적용하며 살아가야 합니다. 그에 관한 아주 세밀한 적용들이 바로 성문서들입니다. 욥기, 시편, 잠언, 전도서, 아가서로 이루어진 시와 지혜의 글들은 율법을 가진 하나님 백성이 실생활에서 어떻게 살아야 하는지에 대한 구체적인 적용을 보여줍니다.

먼저 욥기는 하나님 백성에게도 닥칠 수 있는 고난에 대해 교훈합니다. 하나님의 크신 섭리를 신뢰하며 인내하는 것이 거룩한 백성의 모습입니다. 시편은 고난, 환난, 실망, 기쁨, 위로 등 우리가 경험하는 거의 모든 상황에서 백성들이 취해야 할 모습을 보여 줍니다. 그것은 오직 하나님만을 위로와 도움으로 여기는 것입니다. 슬플 때

---

5 일반적인 구약성경 구분은 모세오경, 역사서, 선지서, 시가서, 지혜서입니다. 그러나 전통적인 유대인의 구별법은(참고. 눅 24:44) 모세의 율법, 선지자의 글(역사서+선지서), 성문서들(시가서+지혜서) 입니다.

도 기쁠 때도 시편의 기자들은 오직 하나님을 바라본다는 고백을 고백합니다. 잠언은 지혜서인데 실생활의 지혜와 관계가 있습니다. 그러나 단순히 생활의 지혜를 담은 속담집은 아닙니다. 여호와를 경외하는 참된 지혜(잠 1:7)를 가진 자가 실생활에서 어떻게 대비하고 행동을 취해야하는지 보여 줍니다. 전도서는 모든 부귀영화를 경험한 솔로몬이 '헛되다'라고 외치는 책입니다(1:2). 세상에 만족을 줄 수 있는 것이 도무지 없음을 깨닫고 하나님을 신뢰하고 의지하는 삶을 살도록 합니다. 아가서는 언뜻 보면 연애 소설 같습니다. 그러나 그 속에서 우리는 하나님과 그 백성의 관계가 남편과 신부처럼 뜨겁게 사랑하는 사이임을 깨닫게 됩니다. 제사장 나라인 이스라엘은 먼저 하나님을 사랑해야 합니다. 하나님 사랑 없이는 이웃 사랑, 즉 열방을 하나님께로 인도하는 일이 이루어질 수 없다는 것을 가르치며 하나님을 사랑하고 섬길 것을 권하는 책입니다.

나오면서

지혜서들은 하나님 나라의 백성들이 받은 율법을 어떻게 적용하며 어떤 모습으로 살아야 할지를 잘 보여 주었습니다. 만약 이스라엘이 이 지혜서들의 가르침대로 율법을 실행하며 살았다면, 선지자들이 예언한 심판 곧 이방 민족에게 멸망하는 수모를 면할 수 있었을지도 모르겠습니다. 그러나 하나님께서 이끄시는 역사의 톱니바퀴는 결코 오차가 없습니다. 이스라엘이 비록 율법을 떠나 심판을 받았지만, 이로써 우리는 선지자들을 통해 더 온전한 구속에 대한 계시를 얻었습니다. 하나님께서 이전과 차원이 다른 구속의 역사(새 언약, 고난 받는 종, 성령 등)를 진행하실 것을 알았습니다. 비록 태초부터 구약의 마지막까지 긴 역사의 순례 속에서 하나님 나라가 온전하게 이루어지지는 않았다고 하더라도 앞서 살핀 선지자들의 예언을 볼 때 이제부터는 획기적으로 구속이 이루어질 것을 기대할 수 있는 순간입니다. 이 기대가 과연 어떻게 실현될 것인지 계속해서 살펴봅시다.

생각해 볼 문제

1. 선지자는 하나님의 말씀에 비추어 하나님 나라의 왕과 백성에게 경고하는 사람이었습니다. 하나님 나라의 백성인 나의 삶에서 지금 말씀과 동떨어진 부분이 무엇일까 생각해봅시다.

2. 북 이스라엘, 남 유다의 멸망 이후에도 선지자는 계속해서 나타났습니다. 하나님께서 자기 백성을 버려두지 않으신다는 증거입니다. 어두운 동굴 속에 비취는 한 줄기 빛 같은 하나님의 손길을 경험한 적이 있습니까?

3. 토라(율법, 계명, 성경)는 문자가 아닙니다. 우리 삶 속에서 구체적으로 실천해야할 의무입니다. 하나님께서는 어떤 상황에서도 우리 도움이라고 고백한 시인의 노래를 외우고 서로 격려합시다. * 시 124편 암송

제9장 구속의 과정 6. 새 언약과 하나님 나라 백성의 삶

1. 선지자

a. 선지자의 등장

• ___이 시작하면서 선지자 역할이 중요하다. 왕이 권력으로 하나님의 말씀을 듣지 않을 가능성이 있기 때문이다.

b. 시내산 율법과 선지자의 역할 : 왕과 백성을 _____하는 것

　기준 : _____ 율법

c. 포로 전 선지자

• 타락한 왕정을 향해 ___와 순종을 외침

• 시내산 언약에 기초하여 하나님의 심판과 구원의 날인 _____ (the Lord's Day)을 선포했다.

• 이사야는 _____을 통해 구원이 이루어질 것을 예언했다.

• 예레미야는 _____의 포로가 되라는 예언을 했다. 이 예언에 순종하는 자들이 남은 자(the Remnant)이다.

d. 포로 및 포로 이후 선지자

• 에스겔은 하나님께서 _____을 부으셔서 언약을 이루어 가실 것을 예언했다.

• 예레미야는 _____을 선포하며 언약이 백성의 마음에 새겨질 것을 예언했다.

• 스가랴는 하나님의 종 __을 통해, 말라기는 _____가 먼저 와서 예비하는 크신 분이 오셔서 여호와의 날(the Lord's Day)을 이루시리라 예언한다.

2. 하나님 나라 백성들의 구체적인 삶 - 시가서 및 지혜서

• 제사장 나라, 거룩한 백성에게 주신 법 : _____과 율법

• 율법은 삶의 대원칙이다.

• 율법의 세밀한 적용들이 바로 _____이다.

제9장 구속의 과정 6. 새 언약과 하나님 나라 백성의 삶

• 성문서는 ＿＿, ＿＿, ＿＿, ＿＿, ＿＿ 등이 포함된다.

• 욥기 : 성도의 ＿＿ 을 교훈

• 시편 : 하나님을 우리의 ＿＿ 으로 여기도록

• 잠언 : ＿＿ 를 경외하는 참된 지혜

• 전도서 : 세상의 헛됨과 하나님을 의지하는 삶

• 아가서 : ＿＿＿ 과 백성의 관계

제10장

구속 – 하나님 나라의 성취 복음서

역사를 통해 우리는 하나님 나라의 성취를 기대했지만, 그 성취를 볼 수 없었습니다. 이스라엘 백성은 끊임없이 언약을 무시했고, 율법과 계명을 버렸습니다. 하나님의 백성으로서 하나님의 통치에 순종하기를 싫어했습니다. 선지자들의 통렬한 외침에도 불구하고 왕과 백성은 범죄했습니다. 결국 그들은 약속의 땅을 빼앗기고 성전이 파괴되는 일을 겪었습니다. 멸망했습니다. 그러나 선지자들을 통해 하나님은 더이상 실패하지 않을 온전한 구속을 약속하셨습니다. 그 약속은 여호와의 날, 새 언약, 고난 받는 종, 한 싹, 죽임 당할 종, 엘리야가 예비하는 한 사람입니다. 유다가 바벨론에서 돌아오자 그들은 이러한 하나님의 약속을 기억하며 자신들을 구원할 메시아를 고대했습니다. 그리고 마침내 구속을 이루실 메시아가 오셨습니다. 오셔서 훼손된 이후 한 번도 온전하게 회복된 적 없는 하나님 나라를 이루셨습니다. 오늘은 오셔서 구속을 완성하신 예수 그리스도에 관해 살펴봅시다.

1. 하나님 나라와 예수님

a. 성육신하신 예수님

• 아브라함과 다윗의 자손

신약의 첫 책을 열자마자 우리는 아브라함과 다윗의 자손으로 오신 분의 족보를 만납니다(마1:1). 구약의 첫 책에서도 족보는 아주 신중하게 다루어졌는데 마치 새로운 창세기가 기록되듯이, 재창조와 새 인류의 탄생을 보는 것 같습니다. 이 족보의 마지막에 오시는 분이 바로 우리 구주 예수 그리스도입니다. 이제 막 탄생하신 아기 예수께서 우리가 이제껏 살펴 본 구속 역사를 이루실 주인공이란 사실을 꼭 기억합시다. 성경 이야기의 절정이 시작되었습니다. 예수님은 아브라함의 후손으로서 이스라엘이 실패했던 하나님 나라의 백성다운 모습(언약, 율법과 계명)을 성취하실 것입니다. 또한 다윗의 후손으로서 진정한 왕이 되셔서 하나님 나라를 이루실 것입니다.

• 예수, 임마누엘

성자 하나님께 부여된 이름은 예수(마 1:21)와 임마누엘(마 1:23)입니다. 예수는 여호수아, 예수아와 같은 말로서 '구원자'라는 뜻입니다. 자기 백성을 죄에서 구원하실 분으로 하나님의 아들이 오셨습니다. 또한 예수님의 이름은 임마누엘, '하나님이 우리와 함께 하신다'입니다. 예수님을 통해 하나님은 그 백성과 함께 하실 것입니다. 우리가 살펴본 하나님 나라의 훼손은 죄로 말미암아 시작되었고, 그 결과 인간은 하나님을 떠나 유리방황하고 말았습니다. 하나님 나라의 회복과 구속은 죄의 문제가 해결되어(예수) 다시 하나님과 함께 하는 것(임마누엘)입니다. 지금까지 하나님은 성막과 성전을 통해 제사장을 대표로 하여 백성의 죄를 용서해 오셨고 그들과 함께 하셨습니다. 하지만 온전하지 않았습니다. 지금 성자께서는 죄를 용서하시고 하나님과 함께 하는 복을 온전히 누리게 하시려고, 즉 하나님 나라를 우리에게 주시려고 오셨습니다. 그래서 예수님이야말로 진정한 임마누엘의 참 성전이십니다(요 1:14; 2:21).

b. 지상 사역

공생애는 예수님께서 하나님 나라의 회복을 위해 오셨다는 사실을 잘 나타냅니다.

• 세례 요한

예수님의 길을 예비한 세례 요한(참고. 말 4:5)은 예수님이 오실 것을 두고 '천국이 가까웠다'라고 선포했습니다(마 3:2; 막1:15). 요한은 아직 활동을 시작하지 않으신 예수님을 두고 '천국' 그 자체라고 말합니다. 예수님이 오시는 것은 천국(하나님 나라)이 오는 것입니다.

• 세례를 받으심

예수님은 죄가 없으시지만, 죄 씻음의 의미가 있는 세례를 받으셨습니다. 하나님 나라를 떠나 죄인의 낮은 자리까지 오셔서 우리를 구속하셨습니다. 예수님께서 물 위로 올라 오셨을 때 성부의 음성이 들렸습니다. "이는 내 사랑하는 아들이요 기뻐 하는 자라"(마 3:17). 또 성령께서 비둘기와 같은 형상으로 예수님께 임했습니다(마 3:16). 예수님께서 하나님 나라를 회복하시려고 본격적인 사역을 시작하는 이 시점 에 삼위 하나님이 함께 하십니다. 하나님의 관심이 집중되어 있습니다. 예수님은 지 금 성령으로 기름 부음 받으며 메시아로서의 사역을 시작하십니다. 그런 예수님을 하나님께서 인정하십니다. 구속 역사가 진행되면서 기름 부음 받은 누구도 이와 같 은 하나님의 기대를 받은 적이 없습니다. 예수님은 하나님 나라를 회복하실 참 기름 부음 받은 자이십니다.

• 가르치고(teaching) 전파하고(preaching) 치유하심(healing)

예수님께서 본격적으로 구속을 위한 공생애를 시작하십니다. 약 3년 정도 공생 애 기간을 요약하는 세 단어는 바로 "가르치시며, 전파하시며, 고치시니"입니다.(마 4:23). 이 사역들은 모두 하나님 나라, 또는 천국을 땅에 이루시는 모습들입니다.

선포(Preaching)	가르침(Teaching)	고치심(Healing)
누가복음 8:1 그 후에 예수께서 각 성과 마을에 두루 다니시며 **하나님 나라**를 선포하시며	**누가복음 13:20** 또 이르시되 내가 **하나님 나라**를 무엇으로 비교할까	**누가복음 11:20** 그러나 내가 만일 하나님의 손을 힘입어 귀신을 쫓아낸다면 **하나님 나라**가 이미 너희에게 임하였느니라

예수님은 '하나님 나라가 임했다'라는 복음을 선포하셨고(preaching), 그 나라를 이해시키시려고 종종 비유로 가르치셨으며(teaching), 그 나라가 임했다는 증거로서 치유를 행하셨습니다(healing). 특이한 점은 이미 '하나님의 나라가 임했다'라는 것입니다. 세례 요한은 예수님 그분 자체를(인격) 하나님 나라라고 선포했으며, 예수님의 선포와 가르침과 치유(사역) 속에 이미 하나님 나라가 들어와 있습니다. 즉, 예수님의 인격과 사역을 통해 하나님 나라가 이미(already) 임했습니다. 예수님의 인격과 공생애는 철저하게 하나님 나라를 나타내는 기간이었습니다.

• 하나님 나라의 백성을 부르심

예수님께서는 하나님 나라의 백성을 새롭게 부르셨습니다. 이스라엘은 자신에게 주어졌던 사명을 망각했습니다. 포로에서 돌아온 후 그들의 선민의식은 더욱 배타적인 모습으로 발전했습니다. 율법을 지키는데 있어서도 그 정신을 이해하기보다 그저 문자적인 실행에만 관심을 두었습니다. 바리새인들이 그 중심에 있었습니다. 그들은 백성들의 랍비(선생)가 되어 이스라엘이 아브라함과 시내산 언약을 통해 받았던 선교적 사명(제사장 나라)을 잊었습니다. 하나님의 나라와 율법은 오직 이스라엘만을 위한 것처럼 잘못 가르쳤습니다. 그 과정에서 바리새인과 유대인들은 율법을 엄격하게 문자적으로 적용했습니다. 사회적 약자들이었던 죄인, 창녀, 세리, 가난한 자, 귀신 들린 자 등을 율법의 저주를 받은 자처럼 여기며, 하나님의 백성의 모임에 들어오지 못할 자들로 취급했습니다. 그러나 이사야의 예언처럼 예수님은 오셔서 돈없는 자도 와서 마시고 누릴 수 있는 하나님 나라를 여셨습니다(참조. 사 55:1). 예수님은 세리와 죄인의 친구셨고(마 11:19), 연약한 자들과 죄인을 치유하는 의사이셨습니다

(막 2:17). 예수님은 새로운 하나님 나라의 백성, 새 이스라엘을 불러 모으셨습니다.

더 나아가 예수님은 이방인들에게도 하나님 나라를 전하셨습니다. 예수님의 사역 중심지인 갈릴리는 이방의 갈릴리로 불렸습니다. 이방의 침입으로 인해 혼합된 문화와 인종이 있었습니다. 이곳을 중심지로 삼으신 것은 의미심장합니다. 또한 엘리사 때 유일하게 고침을 받은 이방인 장군 나아만처럼 예수님은 이방인 백부장의 하인을 고쳐 주셨습니다(눅 7:1-10). 이방 지역인 두로와 시돈에 직접 가셔서 가나안 여인의 귀신들린 딸을 고쳐 주셨습니다(마 15:21-28). 예수님은 하나님 나라를 이방인에게 전하셨습니다.

반면 하나님 나라의 큰 잔치에 먼저 초대받은 이스라엘은 이런 저런 이유로 참여하지 않습니다. 따라서 하나님은 시내 거리와 골목에 있는 가난한 자들과 몸이 불편한 사람들을 초대하십니다(눅 14:15-24, 큰 잔치 비유). 하나님은 예수님을 보내셔서 먼저 된 자를 나중 되게 하시고 나중 된 약자들과 이방인들을 하나님 나라의 백성이 되게 하셨습니다.

• 하나님 나라의 반대자

예수님의 사역은 대개 바리새인과 대결 구도처럼 보입니다. 예수님은 바리새인들을 독사의 자식, 회칠한 무덤이라고 부르셨습니다(마 3:7, 23:27). 이는 하나님 나라를 이룰 사명을 망각한 책임이 백성들을 가르친 바리새인들에게 있기 때문입니다. 그들은 율법을 핑계로 부를 축적하고(눅 16:14), 명성을 얻으려는 자들입니다(마 23:5-7). 예수님의 신랄한 비판은 그들 눈에 가시였습니다.

역설적이게도 율법의 선생이었던 자들이 율법의 수여자시며 성취이시며, 마침이신 예수님을(마 5:18) 알아보지 못하고 배척했습니다. 결국 그들은 예수님을 어떻게 해서든지 제거하려고 합니다.

• 하나님 나라 왕으로 입성(마 21:1-11; 막 11:1-11; 눅 19:28-38)

예수님은 예루살렘으로 입성하십니다. 주님은 나귀를 타신 겸손한 왕으로 입성하십니다. 스가랴 9장 9절의 예언대로 나귀를 타고 입성하시는 이 다윗의 자손을 백성들은 환대했습니다. 그러나 그들의 환영은 이 왕이 어떤 방식으로 자신의 나라를 세울지 몰라서 외치는 환호였습니다. 그들은 포로 이후 기다려 온 메시아가 예수님이라고 확신하면서 이제 그가 로마의 압제로부터 자신들을 해방시킬 것이라고 기대했습니다. 그들은 예수님이 마치 출애굽의 모세처럼 백성들을 구출할 것이라 믿었습니다. 그러나 예수님께서 하나님 나라를 이루시는 방식은 그들이 믿었던 방식과 달랐습니다. 예수님은 정의와 긍휼과 믿음을 저버린 유대인(마 23:23)을 구출하는 것보다 더 큰 출애굽을 계획하고 오신 분입니다. 단순히 유대 민족이 로마로부터 해방되는 국소적이고 현세적인 구원을 위해 오시지 않았습니다. 예수님은 하나님 나라를 위해 오셨습니다. 창조 세계 전체를 구속하시고 회복하시는 것이 그분의 목적입니다. 따라서 유대의 해방을 위해 군사적으로 노력하실리가 없습니다. 환호했던 군중은 이런 예수님의 태도 때문에 3일 만에 적대적으로 돌변합니다. 급기야 바리새인들과 대제사장들은 신성 모독으로 고발하고 사형을 구형합니다. 그러나 사형을 집행하는 일은 로마 총독만 할 수 있었습니다. 본디오 빌라도는 예수님에게 어떤 죄도 찾을 수 없었지만, 민란이 일어날 것을 염려하여 예수님을 십자가형으로 판결합니다.

c. 예수님의 죽으심과 부활

예수님은 죄가 없으시지만 하나님의 아들이라는 이유로 십자가에 달리십니다. 제자들조차 예수님께서 왜 십자가에 달리셔야 하는지 이해할 수 없었습니다. 공생애 동안 십자가에 죽으시고 부활하실 것을 세 번이나 말씀하셨지만, 그 의미를 깨닫지 못했습니다(눅 9:22, 44, 45). 하나님 나라가 임하려면 예수님께서 고난 받으시고 버림받아야 합니다. 이방인에게 넘겨져 희롱과 능욕과 침 뱉음을 당하고 채찍질을 받으시고 죽임을 당해야 합니다(눅 17:25; 18:32-33).

예수님께서는 하나님 나라의 근원적인 대적인 사탄과 싸우십니다. 그래서 군사적인 무력은 무의미합니다. 그것으로 사탄을 이길 수 없기 때문입니다. 예수님은 약속의 땅 예루살렘을 영적 전투의 현장으로 삼으셨습니다. 아무도 예상하지 못한 방법으로 싸우십니다. 원수를 죽이는 것이 아니라 스스로 죽임을 당하시고 생명을 내어주는 방식이었습니다. 하나님 나라를 훼손하고 타락한 인간의 죄와 반역에 대해 예수님은 자신이 죽으시는 방식으로 맞섭니다(히2:14). 그렇게 주님은 세상을 구속하십니다.

• 승리의 십자가

예수님은 십자가에 달려 돌아가셨습니다. 로마 제국에 대한 변변한 쿠데타 한 번 없이 구원자라고 믿은 메시아가 피 흘려 죽으셨습니다. 사실 십자가의 죽음은 로마인에게나 유대인에게나 치욕스러운 것입니다. 십자가는 로마인들에게 반역자나 노예들이 받는 가장 잔인하고 고통스러운 사형법입니다. 아무도 그것을 영광스러운 승리로 보지 않았습니다. 유대인들 역시 나무에 달린 자는 하나님께 저주를 받았다는 말씀 때문에(신 21:23) 나무 십자가에 달려 죽는 일을 수치스럽게 여겼습니다. 누가 보아도 예수님의 죽음은 승리가 아니었습니다. 그러나 교회는 십자가가 하나님의 구속 사역의 핵심이라고 말하기를 주저하지 않습니다. 오직 신약성경만 십자가 사건이 하나님 나라를 회복하고 죄인을 구속하는 사건으로 이해합니다. 왜 그렇습니까? 예수님의 십자가는 그분의 부활과 승리로 이어지는 싸움이기 때문입니다.

예수님께서 십자가에 죽으신 것은 표면적으로는 패배로 보입니다. 그러나 3일 만에 부활하신 이야기를 함께 볼 수 있다면 이는 궁극적으로 승리의 죽음입니다. 이 부활의 관점에서 십자가를 보면 첫째, 에덴에서 시작한 사탄의 전쟁에서 하나님이 승리하신 것을 알 수 있습니다. 출애굽에서 하나님이 애굽의 신들에게 승리하시고 해방을 주신 것처럼 십자가는 이 영적 전쟁에서 승리하셔서 죄인을 죄와 사망에서 해방시킨 사건입니다(왕). 둘째, 십자가의 죽음은 대속적인 희생입니다. 다시 드려질 필요가 없는 온전한 제물, 사망을 이기는 하나님의 아들을 제물로 드린 희생 제사입니다. 구약은 흠 없는 짐승을 제사로 드려서 하나님과의 언약 관계를 회복했습니다. 예수님은 온전한 제물이 되셔서 인류의 죄를 대신 지셨고, 하나님과의 언약 관계를 회복하셨습니다(제사장). 셋째, 주님께서 인간의 대표로서 행하신 일입니다. 예수님은 모든 인류가 받을 심판을 대표해서 받으셨고, 그들을 대표해서 살아나셨습니다. 우리의 대표이신 예수님을 믿는 자는 예수님과 함께 죽고, 예수님과 함께 살 것입니다(참고. 롬 6:1-11). 아담 한 사람 때문에 타락했다면 예수님 한 분 때문에 구속되는 아버지의 뜻과 진리를 친히 보이셨습니다(선지자).

• 찢어진 휘장

예수님께서 십자가에서 죽으셨을 때 성전 휘장이 위로부터 아래로 찢어졌습니다(마 27:51). 이는 예수님의 죽음을 통해 하나님께 나아가는 길이 열렸음을 의미합니다. 타락 이후 인간은 하나님께 제한적으로 나아갔습니다. 과거 하나님 백성은 성전의 제사를 통해 부분적으로 하나님께 나아갈 수 있었습니다. 그러나 예수님께서 죽으시면서 하나님과 인간 사이에 막힌 담과 휘장을 찢으셨습니다. 하나님과 함께 할 임마누엘의 길이 열렸습니다. 타락 이전 하나님 나라에서처럼 하나님과 인간이 함께 할 수 있습니다. 더 이상 하나님의 낯을 피해 유리방황할 필요가 없습니다.

• 부활하신 예수님

십자가에서 죽으신 후 예수님은 3일 만에 부활하셨습니다. 이로써 온 세상은 십자가의 죽음이 헛되지 않음을 알게 되었습니다. 인간을 타락으로 이끌어 하나님 나라에서 쫓겨나게 했던 사탄이 부활의 생명 앞에 패배했습니다. 창세기 3장 15절의 예언대로 사망 권세 잡은 자가 예수님의 부활 때문에 치명상을 입었습니다. 모세와 선지자들과 시편에서 이미 예언한대로 예수님은 부활하셨습니다(눅 24: 44-46).

부활은 새로운 시대의 시작을 의미하며, 우주적인 회복과 갱신을 상징합니다. 예수님의 부활은 단순히 개인의 부활이 아닙니다. 그것은 온 세상의 회복, 하나님 나라의 갱신, 창조의 회복을 의미합니다. 예수님과 함께 연합한 교회는 이 우주적인 회복 곧 하나님 나라에 참여합니다.

또한 부활은 하나님으로부터 예수님이 의롭다고 인정받으신 사건입니다. 예수님의 죽음이 구속을 이루는 것임을 확증받은 사건입니다. 로마서 1장 4절은 부활을 통해 예수님이 하나님의 아들로서 선포되셨다고 선언합니다. 죽으시고 부활하신 분이 하나님의 아들이 확실하다는 선언입니다. 따라서 부활은 하나님의 아들이신 예수님께서 하신 모든 일이 옳은 것이며, 이를 통해 하나님 나라가 이루어진 것을 확신할 수 있는 표시입니다.

• 지상 명령(至上命令)

부활하신 예수님은 40일간 제자들과 함께 하시면서 하나님 나라의 복음을 전파할 것을 명령 하셨습니다. 구약성경을 열어서 예수님의 죽으심과 부활의 의미를 제자들에게 가르쳐 주셨고, 전하라고 하셨습니다(눅 24:44-48). 예수님은 승천하시면서 제자들에게 지상 명령을 주셨습니다. 세례를 주고, 가르쳐 지키게 하여 제자를 만드는 사역을 위임하셨습니다(마 28:19-20).

여기서 우리는 창조가 회복되고 언약이 성취되었다는 것을 볼 수 있습니다. 지상 명령은 문화 명령의 갱신입니다. 창조 때 하나님은 생육하고 번성하여 하나님 나라를 이루라고 명하셨습니다. 이제는 그 생육과 번성이 출산 뿐 아니라 교회가 제자를 삼는 일을 통해서도 실현됩니다. 온 땅에 그리스도의 제자가 충만할 때, 하나님의 나라가 이루어 집니다. 이전에는 아무도 이 문화 명령을 신실하게 수행하지 못했지만 이제는 다릅니다. 왜냐하면 세상 끝날까지 주 예수님께서 함께 하시며 이 사명을 감당하도록 도우시기 때문입니다. 예수님 때문에 진정한 하나님 나라가 이루어 질 것입니다.

2. 예수께서 이루신 하나님 나라의 특징

a. 예수님 안에서 성취된 하나님 나라의 백성, 영토, 통치

예수 그리스도는 참 이스라엘이시며 말씀이십니다. 또한 그분이 함께 하시며 말씀으로 다스리시는 곳이 바로 하나님 나라입니다. 백성, 영토, 주권, 이 모든 것이 예수 그리스도 한 분 안에서 발견됩니다. 예수님이 바로 하나님 나라입니다.

b. 이미(already)와 아직 아니(not yet) ⇒ 11강에서 구체적으로 다루겠습니다.

예수님의 인격과 사역 속에 이미 이루어진 하나님 나라 / 아직 이르지 않은 완전한 하나님 나라 입니다.

c. 새 창조 - 요1:1; 고후 5:17; 벧후 3:13; 계 21:1

	하나님 나라의 백성	하나님 나라의 영토	하나님 나라의 통치
에덴 시대	아담과 하와	에덴 동산	말씀
이스라엘 시대	아브라함과 그의 후손 이스라엘	가나안, 성막, 성전	시내산 언약을 통한 계명과 율법
포로 전 후 예언 시대	이스라엘의 남은 자	회복된 예루살렘 성전	마음에 기록된 새 언약
예수 그리스도 안에서 모두 성취			
신약 시대	새 이스라엘 (가난한자, 죄인, 이방인 등)	그리스도께서 계신 곳	새 언약의 말씀

d. 새로운 출애굽 - 눅 9:30-31

예수님은 제자들과 오른 변화산에서 율법의 대표 모세와 선지자의 대표 엘리야를 만나셨습니다. 대화의 주제는 "별세"였습니다. "문득 두 사람이…. 별세(헬. 엑소더스, 출애굽)하실 것을 말할새(눅 9:30-31)". 주님의 죽으심, 별세는 단순한 개인의 죽음이 아닌, 엑소더스, 곧 이스라엘의 출애굽을 의미합니다. 주님은 십자가와 부활을 통해 자기 백성, 곧 교회를 죽음의 땅, 신음하던 곳에서 출애굽(엑소더스, 별세) 시키는 사역을 하시는 분입니다. 교회는 주님과 함께 죄와 사망의 나라로부터 탈출했습니다. 출죄악, 출사망, 새로운 출애굽이 주님 안에서 이뤄졌습니다.

생각해 볼 문제

1. 예수 그리스도는 바로 하나님의 나라를 일굴 여인의 후손(창 3:15)이며, 선지자들이 기다리던 여호와의 종(사 49장 등)입니다. 그분은 죄의 문제를 해결하고(예수) 하나님께서 함께 하시는 길(임마누엘)을 여셨습니다. 그분은 우리를 다스릴 왕으로 오셨습니다. 우리 삶의 주인은 누구입니까? 우리는 주 예수 그리스도를 쫓는 삶을 살고 있습니까?

2. 예수님은 죄인, 창녀, 세리, 가난한 자, 이방인의 친구였습니다. 오늘날 교회는 이러한 사회적 약자들이 발을 들이기가 어려운 곳이 되어버렸습니다. 우리 공동체는 장애를 가진 사람들, 사회의 소외 계층이 들어올 수 있습니까? 나는 그들을 포용할 수 있습니까?

3. 지상명령(至上命令)은 모든 그리스도인의 사명입니다. '제자 삼으라'는 이 명령에 어떻게 동참할 수 있을 지 생각해 봅시다.

제10장 구속 – 하나님 나라의 성취

1. 하나님 나라와 예수님

• 예수님은 _____의 후손으로 오셔서 이스라엘이 실패한 ____ 나라를 완성하실 것이다.

• _____ 의 후손이신 예수님은 하나님 나라의 진정한 왕이시다.

• 이름의 의미

 – 예수 :

 – 임마누엘 :

• 예수님을 미리 소개하면서 '천국이 가까이 왔다'고 한 사람은 _____ 이다.

• 세례를 받으신 예수님은 지금 ____ 으로 기름 부음을 받아 _____ 로서 사역을 시작하셨다.

선포(Preaching)	가르침(Teaching)	고치심(Healing)
누가복음 8:1 그 후에 예수께서 각 성과 마을에 두루 다니시며 **하나님의 나라**를 선포하시며	**누가복음 13:20** 또 이르시되 내가 **하나님의 나라**를 무엇으로 비교할까	**누가복음 11:20** 그러나 내가 만일 하나님의 손을 힘입어 귀신을 쫓아낸다면 **하나님의 나라**가 이미 너희에게 임하였느니라

공생애 예수님의 3대 사역

• 예수님의 사역 속에서 하나님의 나라는 ____ (already) 세상에 임했다.

• 예수께서 새롭게 부르신 하나님 나라 백성은 ____을 맡고 있던 서기관과 바리새인 같은 자들이 아니라 ____ 약한 자들(세리, 창녀, 죄인, 가난한 자, 귀신 들린 자, 이방인)이었다.

• 하나님의 나라를 방해하던 자들은 어떤 사람들인가?

• 하나님 나라의 왕이신 예수님은 세상 왕과 다른 ____ 왕의 모습으로 자기 성, 예루살렘에 들어가셨다. 그 이유는, 예수님이 세우시는 나라는 무기와 권력으로 세우는 세상 나라가 아니라 ____ 나라 이기 때문이다.

• 예수님이 십자가에 못 박힌 죄는 스스로를 _____이라고 했기 때문이다.

• 예수님은 십자가에서 죄의 근원인 ____과 싸우셨다.

제10장 구속 – 하나님 나라의 성취

• 십자가는 치욕스러운 것이다. 특히 유대인들은 나무에 달린 사람은 하나님께 ____ 를 받았다고 생각했다.

• 십자가의 의미

  - a.   - b.

  - c.

• 예수님이 돌아가실 때 성전의 ____이 위에서 아래로 찢어졌다. 이것은 '하나님께 나아갈 수 있는 길이 열렸다'는 의미다. 타락 전 하나님과 친밀했던 ____관계가 회복된 것이다.

• 예수님은 죽으신지 ____만에 부활하셨다.

• 예수님의 부활은 이스라엘의 새로운 시작 뿐만 아니라 ____의 회복, ____의 갱신, ____의 회복을 의미한다.

• '가서 제자삼으라'는 명령을 우리는 _____ 이라고 부른다.

• 지상명령은 창조 때 주신 _____ 이 갱신되고 더 확장된 것이다.

• 이 명령은 세상 끝 날까지 함께 하시는 예수님의 ____ 때문에 감당할 수 있다.

2. 예수께서 이루신 하나님 나라

다음 표를 완성하시오.

	하나님 나라의 백성	하나님 나라의 영토	하나님 나라의 통치
에덴 시대	아담과 하와	에덴 동산	
이스라엘 시대		가나안, 성막, 성전	시내산 언약을 통한 계명과 율법
포로 전 후 예언 시대	이스라엘의 남은 자	회복된 예루살렘 성전	
예수 그리스도 안에서 모두 성취			
신약 시대		그리스도께서 계신 곳	

구속 - 하나님 나라의 확장과 완성 사도행전, 서신서, 계시록

하나님의 구속 목적은 훼손된 창조를 회복하는 것입니다. 이를 위해 하나님은 역사를 주관하시며 언약을 맺고 지켜 오셨습니다. 그런데 하나님 나라의 백성으로 부름을 받은 이스라엘은 언약을 지키며 그 나라를 이룰 사명이 있었지만 실패합니다. 그리하여 하나님은 자신의 독생자이자 진정한 아브라함의 후손, 참 이스라엘이신 예수님을 보내어 죄와 사망을 이기고 하나님 나라가 이루어지도록 하셨습니다. 하지만 이렇게 이루어진 나라는 이스라엘만을 위한 잔칫상이 아닙니다. 열방이 하나님 자신에게로 나아오길 원하십니다. 그러므로 2000년 전 예루살렘에서 성취된 하나님 나라는 온 세상으로 확장되어야 합니다. 이를 위해 하나님은 새롭고 온전한 이스라엘로 교회를 택하시고 왕 같은 제사장, 거룩한 백성으로의 사명을 감당하게 하십니다. 오늘 우리는 하나님 나라 확장이라는 선교 사명에 충실했던 초대 교회와 그 나라의 완성에 대해 살펴봅시다.

1. 하나님 나라의 확장

a. 예수님이 회복하신 그 나라 백성의 사명

예수님께서 승천하시며 주신 지상 명령(마 28:19-20)은 문화 명령(창 1:28)의 회복이며 갱신입니다. 하나님의 백성에게 하나님 나라를 이루도록 주신 문화 명령은 타락 이후에도 계속해서 유효합니다. 아브라함에게는 '복의 근원이 되라'라는 말로(창 12:2), 이스라엘에게는 '제사장 나라, 거룩한 백성'이 되라는 말로(출 19:6) 문화 명령은 계속 되풀이되어 왔습니다. 그리고 승천하시는 예수님께서는 '제자 삼으라'라는 지상 명령과 '땅끝까지 이르러 내 증인이 되라'(행 1:8)라는 말씀으로 다시 하나님의 백성에게 사명을 주셨습니다. 그러나 이전에 받았던 사명과는 성격이 조금 다릅니다. 아브라함과 이스라엘은 비록 하나님의 구속과 하나님 나라의 회복을 맛보기는 했지만 완전히 경험하진 못했습니다. 아브라함은 언약을 의심하여 애굽 왕에게 거짓말을 했으며 출애굽의 구원을 경험한 이스라엘도 결국 이방에 멸망했습니다. 온전한 구원이 아니었습니다. 그러나 예수님께서 주신 구원은 다릅니다. 완전합니다. 아무도 이 구원에서 성도를 끊을 자가 없습니다(롬 8:35). 그 정도로 견고하고 완전한 구원입니다. 이렇게 온전한 구속의 은혜, 하나님 나라의 회복이라는 은혜를 받았기 때문에 이제는 이 사명을 감당할 수 있습니다. 예수님께서 하나님의 뜻을 이루셨기 때문에 그분 안에서 백성들은 하나님의 뜻과 사명을 이루는 복의 근원, 제사장 나라가 될 수 있습니다(참조. 벧전 1:15; 2:9).

b. 오순절 성령 강림과 교회의 사명

하나님 나라의 백성으로서 제사장 나라의 사명을 이어받은 것은 새 이스라엘, 바로 교회입니다. 교회는 예수님이 이루신 하나님 나라를 계속해서 확장해 가야합니다. 이 일을 위해 성령께서 오셨습니다. 마치 예수님께서 사역을 시작하기 전에 성령으로 기름 부음을 받으신 것처럼, 이제 교회가 예수님으로부터 하나님 나라의 사역을 시작하려는 이 때 하나님께서 성령을 부어 주셨습니다(행 2:1-4). 예수님은 공생애 동안 성령을 보내리라 약속하셨습니다(요 14:26; 16:7). 그러나 이미 요엘 선지자를 통해 성령을 부어 주실 것을 약속하셨습니다. 모든 민족에게 성령을 부으셔서 하나님 나라를 온 땅에 세우시려고 말입니다(욜 2:28-32).

그 약속대로 오순절 다락방에서 기도하는 120여 명의 성도에게 성령이 부어졌습니다. 그것은 단지 120명을 위한 것이 아니라 새 이스라엘의 12지파 x 모두(10), 즉 온 열방에게 부어질 것을 예표합니다. 요엘의 예언이 성취된 것입니다. 또한 오순절은 유월절로부터 50일후에 지키는 맥추절입니다. 바로 이때 성령이 부어졌습니다. 신약의 추수 때가 성령 강림을 통해 본격적으로 시작되었음을 알 수 있습니다. 성령님은 결실을 위해 오셨습니다. 성령님은 하나님 나라의 사명, 제사장 나라로서 이제 막 모든 열방에게 복음을 전하고 제자를 삼으려는 교회를 도우시는 분입니다. 이 영적 추수의 사명을 교회가 감당할 수 있도록 성령이 오셔서 역사하십니다.

c. 종말과 하나님 나라

여기서 우리는 하나님 나라에 관해 중요한 한 가지 사실을 이해해야 합니다. 그것은 하나님 나라의 완성이 종말이며, 이 종말은 예수님 때문에 이루어졌으므로 예수님이 곧 종말이라는 사실입니다.

1) 사도 베드로는 요엘의 예언을 인용하여 '말세'에 부어질 성령이 지금 부어졌다고 설교합니다(행 2:17). 성령이 부어진 그때가 '말세'라는 것입니다.

2) 히브리서 1장 2절는 예수님이 오셔서 계시하신 그때가 바로 '모든 날의 마지막'이라고 언급합니다.

3) 요한계시록 22장 13절에서 예수님은 자신을 '마지막'이라고 소개하십니다.

이 구절들은 마지막, 말세, 종말을 보여 주는 구절들입니다. 놀라운 것은 예수님이 오신 때가 종말이라고 합니다. 심지어 예수님 자신이 마지막 곧 종말이라고 합니다. 예수님뿐만 아니라 예수님의 영이 오신 때도 종말이라고 합니다. 어떻게 된 일입니까? 종말은 세상의 마지막 날 아닙니까? 세상이 파괴되고 신자는 휴거되는 미래의 그 시간이 종말 아닙니까?

그러나 위의 구절들을 보면 종말이 예수님과 함께 이미(already) 임했다는 사실을 알 수 있습니다. 성경은 분명히 종말을 예수님을 중심으로 이해하고 있습니다. 일반적으로 '종말'이라는 단어를 대할 때 시간의 끝으로 이해하기 쉽습니다. 그러나 성경적인 종말은 시간 중심이 아닙니다. 이 '종말'이라는 말속에는 '완성', '성취'(telos)의 의미가 담겨져 있습니다. 무엇이 완성된다는 말입니까? 성경에 나타난 구속 역사의 완성, 성취가 바로 종말입니다. 그러므로 종말은 단순히 시간상 미래에 도래할 끝, 파괴가 아닙니다. 종말은 오히려 타락한 하나님 나라가 회복되는 날, 구속이 성취되고 완성되는 날이라는 사실을 기억해야 합니다.

그렇다면 하나님 나라가 언제 회복되었습니까? 누구를 통해 구속이 성취되었습니까? 바로 예수님입니다. 따라서 종말을 이해할 때 우리는 예수님 중심으로 이해해야 합니다. 예수님이 오셔서 하나님 나라를 이 땅에 심으신 그때가 종말입니다. 예수님의 사역과 십자가와 부활을 통해 하나님 나라가 온전하게 성취된 그때가 바로 종말입니다. 더 나아가 세례 요한이 예수님을 가리켜 '천국'이라고 했으니 천국 자체이신 예수님이 종말입니다. 이런 의미에서 종말은 벌써 이루어졌습니다. 이미 예수 그리스도의 오심(세례 요한의 말)과 그분이 하신 일(가르침, 선포, 치유)에 하나님 나라 곧 종말이 이루어졌습니다.

하나님 나라가 이미 이루어졌다는 말은 우리를 참 당황스럽게 합니다. '그렇다면 세상 끝은 없는가? 하나님 나라가 완전히 이루어졌는가?'하는 질문이 저절로 떠오르기 때문입니다. 맞습니다. 아직 하나님 나라는 완성을 이루지 못했습니다. 이미 하나님 나라가 이루어졌다고는 하지만 세상에는 여전히 뱀 곧 사탄이 사람의 마음을 혼미하게 하고(고전 4:4) 불순종을 조장하고 있습니다(엡 2:2-3). 아직 악이 활개치고 있고 사람들은 여러 가지 문제로 신음합니다. 자연은 아직 청지기인 사람에게 완전히 순종하지 않고 지진과 쓰나미 등은 자연과 인간의 적대적인 관계를 보여줍니다. 무엇보다 약속된 그리스도의 재림과 우리 몸의 부활과 새 하늘과 새 땅을 우리는 보지 못했습니다. 하나님 나라는 아직 완전히 이루어지지 않았습니다.

이것이 하나님의 나라, 종말의 신비입니다. 하나님 나라의 완성, 성취를 의미하는 종말은 예수님의 인격과 사역을 통해 이미 우리에게 임했습니다. 그러나 아직 그것은 완전히 성취되지 않았습니다. 하나님 나라가 임했지만 아직 완성되지 않았습니다. 이 조화되기 힘든 긴장 중앙에 바로 교회가 있습니다. 이 긴장 속에서 하나님 나라를 누리는 존재가 교회입니다. 초림으로 시작된 하나님 나라가 재림을 통해 완성될 그날까지 교회는 예수님 안에서 이미 이루어진 천국을 누리며 삽니다. 그러나 동시에 아직 임하지 않은 하나님 나라를 사모하며 이 땅에 그 나라를 이루는 사명을 감당하며 삽니다. 그래서 자녀를 낳습니다(문화 명령). 그래서 제자를 삼습니다(지상 명령). 선한 삶과 복음을 전하는 일, 이 모두가 바로 하나님 나라를 이루기 위한 일입니다.

예수님이 하나님 나라이며 그분이 계신 곳에 하나님 나라가 임하기 때문에 모든 사람과 화평하고(히 12:14) 때를 얻든지 못 얻든지 전도합니다(딤후 4:2). 그렇게 교회가 선교 사명을 감당하여 하나님 나라가 확장되는 모습이 사도행전에 잘 기록되어 있습니다. 교회는 하나님 나라를 열방에 전할 새 이스라엘이 되어 그 나라에 관한 복음을 자기들만 소유하지 않고 예루살렘과 온 유대와 사마리아를 넘어 땅끝(당시는 스페인을 땅의 끝으로 생각함)까지 전합니다.

d. 선교하는 교회

성령이 임하신 후 교회는 엄청난 성장을 이룩합니다. 물론 그 성장은 단순한 수적 성장만이 아니라 말씀의 흥왕이었습니다(행 6:7; 12:24). 당시 교회는 날마다 모이기를 힘쓰고 떡을 떼며 온전한 예배를 드렸습니다. 무엇보다 자기 물건을 통용하며 구제하는, 마치 구약의 희년 공동체와 같은 모습을 하고 있었습니다(행 2:43-47. 참조. 레 25장). 교회의 모습은 그야말로 땅에 이루어진 천국, 즉 하나님의 나라와 같았습니다. 그러나 망각하면 안됩니다. 새 이스라엘인 교회는 하나님 나라를 열방에게 전할 선교사입니다. 제사장 나라로서, 복의 근원으로서 열방에게 하나님 나라의 복음을 전해야 합니다. 예루살렘에만 교회가 세워지고 천국이 임하는 것은 구약 이스라엘의 모습과 예수님 당시 바리새인들의 민족주의를 답습하는 것입니다.

유대와 사마리아를 넘어 땅끝까지 그 나라가 임하도록 복음을 전하는 것이 승천하신 주님의 뜻입니다(행 1:8). 결국 하나님께서는 큰 박해를 통해 새 이스라엘인 교회가 흩어지게 하셨습니다. 사도들은 능욕을 받았고(행 5장), 스데반과 같은 순교자가 발생했으며(행 7장), 그 결과 교회는 유대와 사마리아와 모든 땅으로 흩어졌습니다(행 8:1). 표면적으로 승승장구하던 교회가 몰락하는 듯 보였지만, 하나님 나라를 회복하신 주님의 뜻대로 교회는 예루살렘을 넘어 열방으로 뻗어 나갔습니다. 사도행전은 예루살렘에서 있었던 일보다 훨씬 많은 지면을 이방 지역, 즉 열방을 향해 증거하는 일에 할애하고 있습니다. 구속 역사상 이토록 복음이 이방 나라를 향해 공격적으로 전해진 적이 없습니다. 예수님께서 왕으로 다스리시고 새 이스라엘인 교회가 백성이 된 신약 시대야말로 진정한 하나님 나라의 회복과 성취임을 엿볼 수 있습니다.

e. 이방인의 사도 바울

선교적 사명을 가진 교회는 한 선교사를 파송합니다. 그가 바로 바울입니다. 박해로 인해 흩어졌던 그때 안디옥 지방에 세워진 교회가 바울을 파송합니다(행 13장). 바울은 유명한 가문 출신으로 율법에 관한 고등 교육을 받았고, 율법에 열심이 있어 교회에 적대적이었습니다. 그러나 이런 바울도 예수님을 만나자 변화됩니다. 주님은 다메섹 도상의 바울에게 "어찌하여 나를 핍박하느냐" 하시며 교회가 예수님과 연합한 존재임을 나타내셨습니다(행 9:4). 교회를 핍박하는 자는 주님을 핍박합니다. 이렇게 교회를 핍박하던 자가 이방인을 위해 주님께서 친히 세운 일꾼이 되었습니다

(행 9:15). 바울은 이방의 빛이 되어 땅끝까지 구원을 전하는 하나님의 도구, 제사장 나라, 복의 근원이었습니다(행 14:47).

이방인의 사도로 부름을 받은 바울은 소아시아로, 유럽으로 선교 여행을 세 차례 나떠납니다. 그 과정에서 지역마다 교회를 개척하며 하나님 나라를 전했습니다. 바울은 구약을 지나 예수 그리스도를 통해 이루어진 하나님의 나라와 구속을 서신으로 가르쳤습니다. 물론 서신들에는 이제 막 개척된 어린 교회들의 문제들에 대한 조언도 있었습니다. 유대인 성도의 영향으로 믿음이 아닌 율법으로 의롭게 된다고 여긴 로마 교회, 음란과 우상 숭배와 기타 도덕적 문제점들을 지니고 있던 고린도 교회 등, 바울은 그 교회들에 적절한 가르침을 서신을 통해 전했습니다.

바울의 서신들은 여러 내용을 담고 있지만, 큰 틀을 제시하면 다음과 같습니다.

a. 하나님 나라와 구속이 예수 그리스도를 통해 이미 임했다.

b. 그러나 아직 하나님 나라가 완성된 것은 아니다.

c. 우리의 구원도 오직 믿음으로 이미 얻었으나 아직 완성된 것은 아니다.

d. 그러므로 우리의 구원을 이루기 위해 성화의 노력을 기울여야 한다.

e. 이러한 새 삶은 단지 우리만을 위한 것이 아니라 온 세상을 위한 것이다.

f. 세상 문화(이교적 배경에서 우상 숭배, 음란 등)에 물들지 말고, 성령의 열매를 맺으며, 선한 일을 도모하고, 복음에 합당하게 살면서 말씀을 전파하는 것이 새 삶이다.

바울은 그를 열방의 빛으로 부르신 하나님의 뜻대로(행 13:47) 마지막까지 선교에 진력합니다. 그는 당시 땅끝이라 여겨졌던 서바나(스페인)까지 복음을 전하기 원했습니다(롬15:28). 그곳으로 가기 위해서는 로마를 반드시 거쳐야 했습니다. 결국 그는 죄수의 신분으로 로마에 가서 그곳에서 전도합니다(행 28장). 바울은 로마에서

"하나님의 나라를 전파하며 주 예수 그리스도에 관한 모든 것을 담대하게 거침없이" 가르쳤습니다(행 28:31). 예루살렘을 넘어 땅끝까지 복음을 전하라는 주님의 말씀이 그대로 이루어지고 있습니다.

하나님 나라의 복음이 땅끝으로 전해지는 과정에서 사도행전이 끝나는 것은 의미심장합니다. 그 뒷이야기, 소위 사도행전 29장을 계속해서 써 내려가야 함을 암시합니다. 이에 대해서는 마지막 장에서 우리의 사명과 관련해서 간략하게 살펴보겠습니다.

2. 하나님 나라의 완성

하나님 나라는 이미 임했지만 아직 완성되지 않았습니다. 완성될 하나님 나라를 다른 말로 '종말'이라 부릅니다. 하나님 나라가 성취되는 것이 종말입니다. 앞서 살펴본 대로 하나님 나라는 예수 그리스도의 초림으로 이루어졌습니다. 종말이 시작되었습니다. 그러나 예수 그리스도께서 재림하실 때 하나님 나라가 완성될 것입니다. 동시에 종말이 완성될 것입니다. 성경은 역사가 종말로 향해가는 직선으로 봅니다. 타락한 나라가 완성을 향해 나아가 결국 온전하게 이루어지는 것이 성경이 말하는 역사이며 종말입니다. 특별히 아직 이루어지지 않은 종말, 앞으로 예수님의 재림을 통해 이루어질 종말(하나님 나라 완성)을 계시하는 책이 요한계시록입니다.

a. 요한계시록

계시록은 상당히 난해한 책임에 틀림없습니다. 쉽게 풀 수 없는 숫자와 상징과 비유들이 섞여 있습니다. 구약과 당대의 묵시록들에서 가져온 인용이나 은유들도 많습니다. 그래서 이 책은 자주 비밀의 책처럼 여겨졌습니다. 너무 신비하게 여긴 나머지 요한이 편지를 쓴 당시나 오늘 우리와는 아무 상관이 없고, 그저 미래만을 예언하는 책으로 잘못 해석하기도 했습니다. 수 많은 이단이 이런 실수에서 비롯되었습니다. 하지만 계시록은 1세기 당시의 교회들에게 주신 말씀이며(계 1:11), 오늘 우리에게 주시는 성령의 음성입니다(참조. 계 2:7). '계시'라는 말에서도 알 수 있듯이 이 책은 우리에게 하나님의 뜻을 열어 보여주고자 기록된 책입니다. 따라서 성령의 조명 아래 건전하고 성실하게 다가 갈때 우리를 놀리려고 일부러 난해하게 기록된 책이 아님을 알 수 있습니다.

b. 전투하는 교회

계시록은 먼저 소아시아에 있었던 7개 교회를 향해 말씀합니다(계 2-3장). 칭찬과 책망이 함께 주어지며 각 교회가 안고 있는 문제들과 싸울 것을 권면합니다. 이 싸움은 이미 이긴 싸움입니다. 교회의 대적이 궁극적으로 예수님에게 패했기 때문입니다. 그러나 아직 완전히 이긴 것은 아니기에 교회는 이 땅에 있는 동안 악의 세력과 전투해야 합니다.

소아시아의 교회는 로마와 유대인의 박해로 인해 고통 받고 있었습니다. 교회는 외로이 악의 세력에 맞서고 있었습니다. 그러나 요한은 그들의 전투가 결국은 우주적인 영적 전투임을 알려 주려고 계속해서 글을 써 내려갑니다. 하나님과 사탄 사이에 벌어진 광대한 규모의 전투라는 말씀입니다. 하나님을 대적하는 용, 짐승, 음녀 등은 모두 옛적 하나님 나라를 타락으로 몰고 간 사탄입니다. 그에 대해 그리스도께서 싸우시고 승리하시는 모습이 계시록에 기록되어 있습니다. 교회는 이미와 아직의 긴장 가운데서 전투하며 지낼 것입니다. 그러나 그 싸움은 궁극적으로 이미 승리한 싸움입니다. 이 땅에서 고난 받고 피 흘리는 교회는 반드시 승리할 것입니다. 죽임을 당하신 어린양이 이미 승리했기 때문입니다.

c. 새 예루살렘, 새 하늘과 새 땅

전투하는 교회는 역설적이게도 죽임을 당하신 어린양 때문에 승리합니다. 이 어린양이 인을 떼시고 최종 목적, 즉 완성을 향해 역사를 인도하십니다. 역사는 '하나님 나라가 완성되는 것'으로 마무리됩니다. 그 완성의 때는 예수님이 재림하시면 이루어집니다. 그때 자던 성도의 몸이 부활하며 하나님의 목적인 나라의 완성, 즉 구속이 성취되고 새 예루살렘 및 새 하늘과 새 땅이 이 땅에 도래할 것입니다. 그리고 마지막 심판이 있을 것입니다. 이것이 최종 종말입니다(계 21-22장).

우리는 종종 종말을 상상합니다. 불타는 도시와 파괴된 지구를 떠올리며 공포에 질립니다. 어느 날 갑자기 지구를 떠나 어딘가에 있을 영적인 천국에서 살 것을 기대하기도 합니다. 그러나 성경이 제시하는 종말은 파괴가 아닌 '완성'이며 '회복'입니다. 창조의 회복, 아름다웠던 에덴의 모습이 회복되는 것이야말로 종말의 진정한 모습입니다. 요한계시록 21장에서 우리는 이러한 하나님 나라의 회복을 봅니다. 처음 땅과 하늘이 사라지고 대신 새 하늘과 새 땅이 있습니다(21:1). 새 하늘과 새 땅에 새 예루살렘(하나님이 계신 성, 시온성)이 하늘에서 내려옵니다(21:2). 보좌에 앉으신 이가 말씀하시길 "내가 만물을 새롭게 하노라"(21:5) 하며 재창조를 선언하십니다. 이 모든 일이 지금의 이 땅과 하늘이 새로워진 자리에서 이루어집니다. 즉, 완성될 종말은 결코 저 멀리 어딘가에서 이루어지는 환상이 아닙니다. 그것은 창조하신 이 세상을 새롭게 하셔서 이루실 하나님의 나라입니다.

창조 때 세상이 하나님의 나라였던 것처럼 재창조, 종말, 완성의 때에 이루어지는 하나님의 나라도 이 세상입니다. 새 하늘과 새 땅으로 변한 이곳에 하나님의 성이 임합니다. 이렇게 임한 하나님 나라의 모습은 창조 때의 에덴과 흡사합니다. 하나님의 보좌에서 나와 여러 곳으로 흐르는 수정처럼 맑은 생명수가 강을 이루고 있고(22:1), 그 강 좌우에 생명나무가 있습니다(22:2). 그곳에서 하나님은 세세토록 왕이십니다(22:5). 에덴의 모습 아닙니까? 에덴에는 수정과 같은 보석이 즐비했고, 에덴에서부터 세상으로 강이 흘러나왔습니다. 동산 중앙에는 생명나무가 있었으며, 그곳에서 하나님은 왕으로서 아담에게 명령과 금지를 말씀하시고 다스리셨습니다.

그러나 에덴은 죄로 인해 훼손되었습니다. 죄와 사망과 고통과 시련이 세상에 들어

왔습니다. 하지만 회복된 하나님 나라, 새 에덴, 재창조의 그곳에는 모든 눈물을 하나님이 닦아 주시며 다시는 사망이나 애통하는 것이나 곡하는 것이나 아픈 것이 없습니다(21:3-4). 처음 세상이 지나가 버립니다(21:4). 인간의 죄 때문에 훼손된 첫 에덴이 지나가고 온전히 하나님의 나라가 회복되는 모습을 종말에 관한 말씀에서 볼 수 있습니다.

이것이 바로 하나님 나라의 완성입니다. 죄와 사망을 이긴 부활의 몸을 입고 온전히 하나님의 다스림을 받으며 하나님과 함께 하는 것이야말로 종말입니다. 종말에 내려올 새 예루살렘성을 두고 요한은 잘 단장한 신부와 같다고 합니다(21:2). 남편이신 어린양과 함께 혼인 잔치에 참여하는 신부가 바로 새 예루살렘입니다. 성경은 하나님의 백성을 종종 신부에 비유합니다(사 62:5; 호세아서 등). 또한 교회를 가리켜 신부라고 말합니다(엡 5:24). 뿐만 아니라 히브리서 12장 22절은 교회를 표현하기를 하늘의 예루살렘이라고 표현합니다. 어떻습니까? 종말에 하늘에서 내려오는 새 예루살렘을 떠올리게 되지 않습니까? 즉, 하나님 나라의 완성인 종말이 비록 아직 완전하게 이루어지지는 않았지만, 새 예루살렘이며 신부인 교회 안에 이미 임한 것을 볼 수 있어야 한다는 말씀입니다.

우리는 종말에 완성될 하나님 나라를 고대합니다. 그러나 그 고대하고 바라는 것을 교회를 통해 지금 여기서 누릴 수 있습니다. 그러므로 주님께서 재림하실 때까지 전투하는 교회는 온전한 종말, 하나님 나라, 천국을 이 땅에서 맛보며 승리할 힘을 얻습니다. 미래에 대한 소망만으로 견디는 것이 아니라 이미 이루어진 하나님 나라를 교회에서 맛보며 이길 수 있습니다. 그러나 지금 여기서 맛보는 하나님 나라는 온전하지 못하기에 교회는 종말에 도래할 온전한 그 나라를 사모합니다. 그래서 성도는 "내가 속히 오리라" 하신 주님의 말씀을 기억하며 "아멘 주 예수여 오시옵소서" 라고 고백합니다(계 22:20). 고대하는 주님이 오실 역사의 마지막을 기다리며, 온전히 임할 하나님 나라를 소망하며 오늘도 교회는 전투하며 하나님 나라를 이루어 갑니다. 아멘, 주 예수님, 어서 오시옵소서!!

생각해 볼 문제

1. 성령께서 오셔서 교회를 세우시고 열방에 흩어진 하나님 나라 백성을 추수하기 시작하셨습니다. 성령을 받은 우리도 추수꾼입니다. 우리 공동체에 다시금 찾아야할 사람, 우리 가족 가운데 복음이 필요한 사람을 떠올리며 기도하고 위로하며 전도합시다.

2. 하나님의 나라는 이미 임했지만 아직 완성되지 못했습니다. 우리는 개인적으로 그리고 공동체적으로 아직 죄의 영향을 받고 있습니다. 우리에게 계속 영향을 주는 죄와 연약함이 있는지 나누어봅시다.

3. 세상 문화에 물들지 않고 복음에 합당하게 살며 하나님의 나라를 전파할 사명이 새 언약의 교회에게 주어졌습니다. 우리가 경계해야할 문화는 어떤 것이 있을까요?

4. 여러분은 주님의 다시 오심을 고대하고 있습니까? 다시 오실 주님께서 어떻게 우리에게 위로가 되고 힘이 되는지 생각해 봅시다.

제11장 구속 – 하나님 나라의 확장과 완성

1. 하나님 나라의 확장

a. 예수님이 회복하신 하나님 나라 백성의 사명

- '문화명령', '복이 되라', '제사장 나라, 거룩한 백성이 되라'는 명령은 _____안에서 수행가능하다.

b. 오순절 성령 강림과 교회의 사명

- 제사장 나라의 사명을 이스라엘로부터 이어받은 공동체는 바로 _____ 이다.
- 예수님께서 하나님 나라 사역을 위해 기름부음 받은 것처럼 교회도 _____으로 기름부음 받았다.
- 오순절 성령의 오심은 _____ 선지자의 예언이 성취된 것이다.
- 신약의 추수가 _____을 통해 본격적으로 이루어지고 있다.

c. 종말과 하나님 나라

- 요엘의 예언을 따르면 성령님이 오신 그 때가 바로 _____ 이다.
- 성경에서 종말은 끝, 마지막, 멸망이 아니라 "하나님 나라의 _____" 을 의미한다.
- 하나님 나라는 _____과 함께 _____ 성취되었다. 그러나 _____ 완전히 이루어진 것은 아니다.
- 성령을 받은 교회는 예수님께서 다시 오실 때까지 이 종말의 때에 하나님의 나라를 이루기 위해 살아가야 한다.

d. 선교하는 교회

- 성령께서 오시고 교회는 성장했다. 복의 근원으로서 역할을 감당하도록 하나님은 교회에 큰 _____를 주셔서 열방으로 흩으셨다.
- 초대교회의 첫 순교자는 _____ 이다.
- 선교적 사명을 가진 교회가 처음 파송한 선교사는 사도 _____ 이다.

제11장 구속 – 하나님 나라의 확장과 완성

e. 이방인의 사도 바울

• 바울은 교회를 핍박하러 가던 다메섹 도상에서 _____을 만났다.

• 바울은 교회를 가르칠 때 주로 _____ 을 사용했다.

• 당시 사람들이 땅 끝이라고 생각한 곳은 어디인가?

2. 하나님 나라의 완성

• 요한계시록은 하나님 나라가 완성될 때까지 악과 _____ 하는 교회의 모습을 그리고 있다.

• 전투하는 교회는 죽임 당하신 _____ 덕분에 승리할 것이다.

※ O, X 퀴즈

• 성경이 말하는 종말은 온 세상이 파괴되는 것이다 (O, X)

• 종말에 완성될 하나님 나라를 '새 하늘과 새 땅'이라고 부른다 (O, X)

• 새 하늘과 새 땅으로 변한 곳에 내려오는 성은 새 이스라엘이다. (O, X)

• 그곳의 모습은 첫 창조 때의 에덴과 흡사하다. 즉, 창조가 회복되고 갱신된 곳이다. (O, X)

• 종말, 곧 완성된 하나님의 나라는 오직 미래(죽어서 혹은 예수님 재림 때)에만 경험할 수 있다. (O, X)

• 교회는 지금 여기서 천국을 누릴 수 있도록 도울 수 있다. (O, X)

제12장

완성 – 하나님 나라, 교회 그리고 나

하나님의 나라는 주 예수 그리스도께서 오시면서 이미 회복되었습니다. 그러나 예수님이 약속하신 완전한 종말, 즉 하나님 나라의 완성은 아직 임하지 않았습니다. 예수님 때문에 종말이 시작되었고, 또한 예수님 때문에 종말이 완성될 것입니다. 초대 교회로부터 현재에 이르기까지 우리는 이미와 아직이 함께 있는 묘한 종말의 기간을 살고 있습니다. 하나님의 구속 역사를 대강 살펴본 우리는 마지막으로 이미와 아직의 사이에서 종말을 사는 교회의 사명에 대해 함께 살펴봅시다.

1. 구속사와 하나님 나라 백성의 사명

우리는 성경에 계시된 하나님 나라의 회복 이야기, 즉 구속 역사를 간략히 살펴보았습니다. 그것을 통해 우리는 하나님이 일관된 목적과 결론을 가지고 세상 역사를 주관하셨음을 깨닫습니다. 그 일관된 목적은 바로 하나님의 나라를 이루는 것입니다. 창조에서 새 창조에 이르는 일련의 이야기들은 결국 우리를 위해 기록된 이야기들입니다(롬 4:23; 15:4; 고전 10:6, 11). 하나님의 구속 역사를 살피면서 단지 과거의 이야기, 이스라엘의 이야기, 앞으로 일어날 이야기로만 이해할 수 없습니다. 그것들은 오늘을 사는 새 이스라엘, 하나님 나라의 백성인 교회를 위해 주신 이야기들입니다. 하나님께서 세상을 향해 품고 계신 원대한 계획과 그 성취를 보면서 앞으로 있을 완성까지 마땅히 감당해야 할 우리의 책임과 역할을 깨달아야 합니다.

하나님 나라를 이루는 교회

하나님께서는 구속 역사에서 언제나 자기 백성을 세우시고 사명을 주셨습니다. 다만 우리가 살핀 이 사명을 온전하게 감당한 시대는 단 한번도 없었습니다. 이스라엘 백성이든지 특별히 기름 부음을 받은 자(선지자, 제사장, 왕)든지 하나님께서 주신 사명을 온전하게 성취한 사람은 없습니다. 그러나 우리 구주 예수님은 참된 이스라엘 사람으로 오셔서(아브라함의 후손) 하나님 나라를 이루어야 하는 사명을 온전히 감당하셨습니다. 성령으로 기름 부음을 받은 자(선지자, 제사장, 왕)로서 하나님께서 맡기신 구속의 일을 성취하셨습니다. 그 인격과 사역 속에 하나님 나라가 온전히 임했습니다. 그러나 그것으로 끝이 아닙니다. 예수님은 자신이 하신 하나님 나라 사역을 제자들에게 위임하십니다. 마치 하나님께서 이스라엘에게 "제사장 나라가 되며 거룩한 백성이 되리라"(출 19:6) 명하신 것처럼 예수님도 제자들에게 "너희는 세상의 빛이라"(마 5:14)라고 하시며 세상으로 파송하셨습니다(요 20:21). 이스라엘 백성과 제자들은 모두 하나님 나라를 이루어야 하는 사명을 부여받았습니다. 이 사명은 오늘날 주님의 몸된 교회에게도 여전히 주시는 하나님의 명령입니다. 교회는 아직 완성되지 않은 하나님의 나라를 위해 이 땅에서 사명을 감당하는 공동체입니다.

교회의 사명 : 선교

그렇다면 하나님 나라를 이루기 위해 교회가 감당해야 할 사명은 무엇입니까? 그것은 초대 교회가 열렬히 했던 일이며, 지금 우리에게 맡겨진 선교입니다. 더 이상 우리는 하나님 나라를 이루기 위해 땅을 정복하고 이스라엘이라는 민족을 이룰 필요가 없습니다. 하나님 나라는 이미 예수님을 통해서 이 땅에 이루어졌습니다. 하나님께서 다스리시고(통치) 그분께 순종하는 백성(국민)이 있는 곳은 어디라도(영역) 하나님의 나라입니다.

하나님 나라는 교회 안에만 있지 않습니다. 하나님의 말씀에 순종하며 직장 생활을 한다면 직장이 하나님 나라입니다. 온 가족이 하나님의 말씀을 청종한다면 그 가정이 하나님 나라입니다. 이처럼 하나님 나라가 이미 세상에 임했습니다. 중요한 점은 과연 누구 때문에 이런 역사가 이루어졌는가입니다. 누가 하나님의 나라를 이 땅에, 교회와 가정과 직장에 임하게 했습니까? 바로 예수님입니다. 예수님 때문에 하나님 나라가 이미 임했습니다. 따라서 우리가 하나님 나라를 이루는 가장 근본적인 방식은 예수님을 믿도록 전하는 것입니다. 예수 그리스도께서 우리의 모든 죄를 담당하여 죽으셨고, 3일 만에 부활하셨으며, 승천 후 다시 오셔서 하나님의 나라를 완성하실 것이라는 사실을 전할 때 이미 임한 하나님 나라가 전해집니다. 따라서 제사장 나라(출 19:6)로서, 이방의 빛으로서(사 42:6) 하나님 나라를 전할 책임을 가진 신약의 교회는 반드시 선교하는 교회이어야만 합니다. 이것이 교회의 주된 목적입니다. 복음을 전하고 교회를 세워 은혜의 복음, 하나님 나라의 복음이 흘러 들어가게 해야 합니다. 교회는 바로 이런 방식으로 제사장 나라의 역할을 감당할 것입니다.

선교의 여러 가지 측면

하나님께서는 더 이상 이스라엘 민족이 아닌 교회를 제사장 나라와 이방의 빛으로 삼으셨습니다(벧전 2:9; 행 13:47). 과거 이스라엘이 제사장 나라로서의 역할을 감당하기 위해 해야했던 일이 무엇입니까? 율법과 계명의 실천입니다. 그들은 이방인과 다른 삶의 방식인 하나님의 법을 따라 살며 하나님 나라를 열방에게 전하고 이루어야 했습니다. 오늘 우리도 마찬가지입니다. 세상에 하나님 나라의 완성(종말)이 올

때까지 우리는 선교 해야 합니다. 그러나 선교는 단지 외국에 가서 복음을 전하는 행위만을 지칭하지 않습니다. 그것은 하나님 나라를 전하는 제사장 나라의 사명을 통칭하는 것입니다. 이 사명은 여러 가지 측면이 있습니다. 간략하게 살펴봅시다.

a. 출산 - 출산은 생육하고 번성할 의무가 있는(창 1:28) 하나님 나라의 백성이 힘써야 하는 중요한 일입니다. 거룩한 백성이 번성하고 충만하여 하나님 나라를 이루는 가장 기초적인 수단입니다.

b. 자녀 양육 - 계명의 실천은 하나님의 나라를 전하는 중요한 수단입니다. 우리는 십계명의 두 돌판이 '예배'에서 '자녀 양육'으로 이어진다는 사실을 잘 압니다. 또한 하나님께서는 언약의 전수를 백성의 중요한 일로 여기셨습니다(신 6:4-9, 쉐마). 하나님 나라를 이루고 전하는 일에 있어서 자녀 양육은 빼놓을 수 없는 우리의 과제입니다.

c. 직업에 대한 소명 의식 - 하나님 나라는 더 이상 눈에 보이는 영토에 제한되지 않습니다. 하나님의 통치가 있는 곳은 어디든지 천국, 즉 하나님의 나라입니다. 직장 생활이 단지 세속적인 활동이라고 생각하면 안 됩니다. 생업의 현장이 곧 하나님 나라입니다. 그곳에서 얼마만큼 계명과 율법에 따라 삶을 사는가, 하나님의 뜻을 이루기 위해 노력하는가 하는 선교의 문제로 이해할 수 있습니다. 또한 번성하여 다스리라는 문화 명령은 단지 양적인 번성만을 말하지 않습니다. 질적인 번성과 다스림 역시 포함하는 말입니다. 내 직장과 사업장 잘 섬기고 가꾸어서 하나님의 법이 통하는, 하나님의 다스림이 임하는 현장으로 삼아야 합니다. 하나님 나라는 바로 그런 방식으로 직장에 임할 것입니다.

d. 환경에 대한 책임감 - 제사장 나라로서 온 땅에 하나님의 나라가 임하게 할 책임

을 맡은 교회는 특별히 환경에 대한 경각심을 가져야 합니다. 우리가 알다시피 종말은 파괴가 아닌 완성입니다. 주님께서 주신 자연 만물이 회복되고 갱신되는 날이 곧 옵니다. 그때까지 창조 세계를 잘 보존하고 가꾸어야 하는 의무가 우리에게 있습니다. 새 예루살렘성은 멀리 다른 별에 임하지 않습니다. 첫 하늘과 땅이 새롭게 변한 곳에 임합니다. 바로 이곳이 지금 하나님 나라가 임하는 곳이며, 장차 임할 곳이라는 사실을 기억하고 환경을 보전하는 일에 솔선수범해야 합니다.

그 외에도 우리가 실천해야 할 선교적 사명이 많이 있습니다. 교회는 제사장 나라입니다. 우리는 왕과 같은 제사장입니다. 예수 그리스도를 통해 이미 임한 하나님 나라를 돌아보면서 장차 임할 하나님 나라를 소망하는 가운데 선교적 공동체, 선교적 개인으로서 사명을 잘 감당하는 우리 모두가 됩니다.

생각해 볼 문제

1. 교회는 복음 전파를 통해 하나님 나라를 확장해 갑니다. 나는 얼마나 복음을 소개했을까요? 내가 복음을 전해야 할 대상은 누구일까요? 구체적으로 생각해 봅시다.

2. 결혼과 출산은 하나님의 나라를 확장하는 데 중요한 방법입니다. 세상 사람들은 결혼을 부정적으로 이야기 합니다(연봉, 아파트, 예물, 자녀계획…). 이 소리들에 너무 귀 기울이고 있지는 않을까요? 그리스도인의 결혼과 출산, 나아가 육아는 어떠해야 하는지 함께 생각해 봅시다.

3. 하나님은 우리를 직장터로 부르셨습니다. 우리가 맡은 일은 소명입니다. 우리를 통해서 하나님의 다스리심이 이루어지고 있을까요? 내가 선 이곳에서 어떻게 하나님의 나라를 일구며 살아가야 할지 나누어 봅시다.

제12장 완성 – 하나님 나라, 교회 그리고 나

제12장 완성 – 하나님 나라, 교회 그리고 나

1. 구속 역사와 하나님 나라 백성인 교회의 사명

하나님 나라를 이루는 교회

• 성경의 이야기 곧 하나님 나라 이야기는 하나님의 일관된 ____ 과 ____으로 인도하
신 역사이다.

• 성경의 이야기는 곧 ____ 를 위한 이야기다(롬 4:23).

• 성경을 통해 하나님께서 세상을 향해 뜻하신 계획과 성취를 보며 우리의 ____과 역
할을 깨달아야 한다.

교회의 사명 : 선교

• 교회의 가장 큰 사명은 ____ 이다.

• 하나님이 다스리시고( ) 그에게 순종하는 ( )이 있는 곳, 그곳은 어디든 ____ ____이
다.

• 하나님의 나라는 오직 ____ 을 통해서만 주어지기 때문에 하나님 나라를 이루는 가
장 기초적인 방법은 ____을 전하는 것이다.

• 교회의 주된 목적은 ____을 전하고 ____를 세워 하나님의 나라 ____이 세상으로 흘
러들어가게 하는 것이다.

선교의 여러가지 측면

a. 생육하고 번성하기 위한 ( )

b. 하나님을 잘 섬기도록 자녀를 ( )하는 일

c. ( )에 대한 소명의식 – 내가 선 곳에서 얼마나 하나님 나라 헌법인 ( )
과 ( )을 따라 살아가느냐 하는 점이 중요하다.

d. 하나님이 주신 ( )을 책임있게 보존하고 사용해야 한다.

정답

서론

1. 말과 행동의 원천, 세상을 보는 안경, (동그라미안 – 생각 말 행동 : 이야기 <->세계관 : 생각 말 행동)

하나님의, 구원, 심판, 이야기, 이야기, 세계관

2. 상상력, 의도, 전체 이야기, 하나의 큰 이야기(One Meta Narrative)

3. 구속 이야기, 구속사, 타락, 구속

4. 점진적, 예수 그리스도 중심, 하나님 나라 이야기

제1장

1. 세계관, 인격적인, 음란하고 폭력적인 창조, 안식과 구원을 위해

2. 하나님, 온 세상, 다스림, 통치하는, 문화, 영역, 주권, 교제, 언약 관계, 언약, 안식, 복, 거룩, 사람, 안식, 샬롬

제2장

1. 문화, 선악을 알게 하는 나무, 순종, 순종

2. 말씀, 죽음

3. 자유의지, 사탄, 하나님, 말씀, 자율적

4. 나라, 사망, 신음, 고통

제3장

1. 언약, 언약 관계

2. 구속, 언약, 창조 세계, 패배, 적개심, 그, 원시, 노동, 흙, 소산, 은혜, 고통, 원하는, 출산

제4장

1. 가인, 셋, 여자, 뱀, 계보

2. 적개심, 하나님, 사람, 홍수, 노아, 의지, 바벨탑, 자율적, 보존

3. 한 민족, 백성, 아브라함, 이스라엘, 민족, 선교사

4. 약속, 후손, 백성

제5장

1. 민족, 복, 모세, 여호와, 스스로, 약속, 약속, 약속, 신들, 여호와, 유월절, 시내산, 언약, 언약, 이스라엘, 이스라엘, 이스라엘, 십계명, 율법

2. 가나안, 제사장, 거룩한, 영광, 불평, 약속, 신실, 원망, 죽을, 40, 믿음, 진노, 긍휼, 신명기

3. 여호수아, 요단강, 기적, 하나님, 은혜, 세겜, 관계, 제사장

제6장

1. 신실, 은혜, 우상, 여호와, 이스라엘, 통치, 나라, 제사장, 거룩한, 율법, 멸망, 영향력, 반역, 회개, 제사장, 거룩한, 왕, 하나님, 소견, 사사, 왕

2. 모압, 믿음

제7장

1. 왕, 완악함, 모든 나라, 섭리

2. 구원, 구원, 엘리, 계명, 위험성, 주술, 순종, 위험성, 메시야, 구원자

3. 마음, 구속사, 언약, 하나님 나라, 메시야, 왕, 고난, 이스라엘

제8장

1. 지혜, 다스림, 백성, 죄, 함께, 예수님

2. 정략 결혼, 이스라엘, 유다, 19, 20, 722, 586, 솔로몬, 예수님, 교회

3. 열왕기, 역대기, 멸망, 회복

제9장

1. 왕정, 견책, 시내산, 회개, 여호와의 날, 고난 받는 종, 바벨론, 성령, 새언약, 순, 엘리야

2. 계명, 성문서들, 욥, 시편, 잠언, 전도서, 아가서, 고난, 도움, 여호와, 하나님

제10장

1. 아브라함, 하나님, 다윗, 구원자, 하나님이 우리와 함께 하신다. 세례 요한, 성령, 메시야, 이미, 선생, 사회적 약자들, 바리새인, 겸손한, 하나님, 하나님의 아들, 사탄, 저주, 사탄의 전쟁에서 승리, 대속적인 희생, 인류 대표로서 살고 죽음, 휘장, 언약, 삼일, 온 세상, 하나님 나라, 창조, 지상 명령, 문화 명령, 약속

2. 아브라함과 그의 후손 이스라엘, 새 이스라엘, 말씀, 마음에 기록된 새언약, 새 언약의 말씀

제11장

1. 예수님, 교회, 성령, 에스겔, 성령 강림, 종말, 회복, 예수님, 이미, 아직, 박해, 스데반, 바울, 예수님, 서신

2. 전투, 어린양

O, X 퀴즈 X, O, X, O, X, O

제12장

1. 목적, 결론, 우리, 책임, 선교, 통치, 백성, 하나님의 나라, 예수님, 예수님, 복음, 교회, 복음, 출산, 양육, 직업, 계명, 율법, 환경